手把手教你
鉴定评估二手车
彩色图解版

林绪东 ◎ 编著

机械工业出版社
CHINA MACHINE PRESS

《手把手教你鉴定评估二手车》的内容包括二手车的静态鉴定、动态鉴定，二手车价格评估，二手车的收购与销售。本书重点在静态鉴定，包括车漆、内饰、事故车、泡水车、调表车等的鉴定。本书利用彩色图解的方式，对鉴定过程中难以理解的步骤、方法进行了展示。全书图文并茂、通俗易懂，即使是没有汽车专业知识的人士也能看懂。

书中配有二维码，扫描可观看操作视频讲解。

本书集常识性、理论性和实用性于一体，适合作为汽车二手车职业资格鉴定教材，也可供二手车从业人员、汽车爱好者及车主阅读使用。

图书在版编目（CIP）数据

手把手教你鉴定评估二手车：彩色图解版／林绪东编著．—北京：机械工业出版社，2018.11（2022.1重印）
ISBN 978－7－111－59183－2

Ⅰ.①手…　Ⅱ.①林…　Ⅲ.①汽车-鉴定-图解　②汽车-价格评估-图解　Ⅳ.①U472.9－64②F766－64

中国版本图书馆 CIP 数据核字（2018）第 241663 号

机械工业出版社（北京市百万庄大街22号　邮政编码100037）
策划编辑：齐福江　　责任编辑：齐福江　丁　锋
责任校对：李　杉　　封面设计：鞠　杨
责任印制：常天培
北京宝隆世纪印刷有限公司印刷
2022年1月第1版第10次印刷
169mm×239mm・10.25 印张・153 千字
33 001—36 000 册
标准书号：ISBN 978－7－111－59183－2
定价：59.00元

凡购本书，如有缺页、倒页、脱页，由本社发行部调换

电话服务　　　　　　　　　　网络服务
服务咨询热线：010-88361066　　机 工 官 网：www.cmpbook.com
读者购书热线：010-68326294　　机 工 官 博：weibo.com/cmp1952
　　　　　　　010-88379203　　金 书 网：www.golden-book.com
封面无防伪标均为盗版　　　　教育服务网：www.cmpedu.com

FREFACE 前言

随着我国经济的飞速发展和人民生活水平的不断提高，汽车已进入千家万户。据中国汽车工业协会统计，2017年我国汽车产销量分别为2901.5万辆和2887.9万辆，同比分别增长3.2%和3%，自2009年连续九年蝉联全球第一。据公安部数据显示，截止到2017年年底，中国汽车保有量达2.17亿辆。根据成熟汽车市场的发展规律，新车销量增速到一定时候就会放缓，而二手车市场则会进一步发展。从近几年数据来看，我国二手车与新车年销量之比约为1:4，而美国成熟汽车市场中，两者比例大约在3:1。假设中国新旧车销量比例能达到1:2，二手车平均价格以6万元计，估计中国二手车市场有近3万亿元的市场空间。

本书内容共分六章，分别为教你鉴定事故车、教你鉴定调表车、教你鉴定泡水车、二手车动态技术鉴定、教你评估二手车价格、教你销售二手车。重点讲解购买二手车最关心的事故车、泡水车、调表车的鉴定，二手车价格评估的常用评估方法和实用评估方法。本书的最大特色是对一些难以读懂、理解的二手车鉴定内容采用大量图片进行讲解，图文并茂、通俗易懂。

在编写本书的过程中，除了所列参考文献外，还参考了许多发表在网站上的相关文章，在此对原作者、编译者表示由衷的感谢。

编　者

目录 CONTENTS

前言

第一章 教你鉴定事故车   001

第一节 车辆外观车漆的检查   001
一、漆面色差检查   001
二、漆面顺滑性检查   002
三、漆面砂纸打磨痕迹检查   003
四、敲打法检查漆面   004
五、外观件边缘、装饰条及橡胶密封件留漆检查   005
六、漆面橘皮现象检查   008
七、漆膜厚度检测仪检测车漆（专用仪器检测）   009
八、利用油箱盖进行辅助判断   013
九、识别改色车   014

第二节 车辆缝隙检查   017
一、整车方正的检查   018
二、车身曲线的检查   019
三、车身缝隙的检查   020

第三节 车身骨架的检查   026
一、前后纵梁的检查   028

二、A、B、C柱的检查 　　　　　　　　　　　　　034

第四节　车辆内饰的检查 　　　　　　　　　　　　046
一、车门内饰板的检查 　　　　　　　　　　　　046
二、转向盘磨损情况的检查 　　　　　　　　　　048
三、驾驶人座椅磨损的检查 　　　　　　　　　　048
四、安全带的检查 　　　　　　　　　　　　　　049
五、脚垫、地毯的检查 　　　　　　　　　　　　050
六、中控台仪表、音响、杂物箱的检查 　　　　　051
七、后排座椅、车顶内饰的检查 　　　　　　　　054

第五节　发动机舱的检查 　　　　　　　　　　　　055
一、发动机舱钣金结构件的检查 　　　　　　　　056
二、发动机机械、电器元件的检查 　　　　　　　064

第六节　行李箱组件的检查 　　　　　　　　　　　069
一、行李箱盖的检查 　　　　　　　　　　　　　069
二、后保险杠、后围的检查 　　　　　　　　　　071
三、行李箱底板的检查 　　　　　　　　　　　　073
四、行李箱框架的检查 　　　　　　　　　　　　075

第七节　解读车上的一些数字密码 　　　　　　　　076
一、解读VIN的秘密 　　　　　　　　　　　　　076
二、解读玻璃上的密码 　　　　　　　　　　　　080
三、解读轮胎上的秘密 　　　　　　　　　　　　083

第二章　教你鉴定调表车　　　　　　　　　　　　　085
一、通过4S店查询准确里程数判断是否为调表车　　085
二、检查转向盘的磨损情况判断是否为调表车　　　086
三、检查驾驶人座椅磨损情况判断是否为调表车　　087
四、检查车门饰板的磨损情况判断是否为调表车　　090

五、检查变速杆的磨损情况判断是否为调表车　091

六、检查离合器、制动踏板、加速踏板的磨损情况判断是否为调表车　092

七、检查制动盘的磨损情况判断是否为调表车　094

八、检查轮胎的磨损情况判断是否为调表车　095

九、调表案例　096

第三章　教你鉴定泡水车　099

一、鉴别泡水车的方法　099

二、检查内饰鉴别泡水车　099

三、检查发动舱鉴别泡水车　106

四、检查行李箱鉴别泡水车　108

五、检查底盘鉴别泡水车　110

第四章　二手车动态技术鉴定　112

一、二手车动态技术鉴定要领　112

二、试车前机油的检查　113

三、起动车辆时灯光和仪表的检查　116

四、听发动机噪声分辨二手车车况　118

五、动态检查之怠速和制动的检查　119

六、试驾二手车之变速器检查　119

七、试驾时起步是否跑偏的检查　121

第五章　教你评估二手车价格　123

第一节　使用现行市价法评估二手车价格　123

第二节　使用重置成本法评估二手车价格　126

一、重置成本的定义及影响因素　126

二、适用范围　127

三、评估方法及计算公式　　　　　　　　　　127

四、应用重置成本法的四个前提条件　　　　　136

五、重置成本法的评估程序　　　　　　　　　136

六、案例分析　　　　　　　　　　　　　　　136

第三节　使用"简单粗暴"估价法评估二手车价格　　138

一、"简单粗暴"估价法的定义　　　　　　　138

二、"简单粗暴"估价法的运用　　　　　　　138

三、案例分析　　　　　　　　　　　　　　　139

第六章　教你销售二手车　　　　　　　　　　　　140

第一节　二手车收购　　　　　　　　　　　　140

一、二手车商的收车渠道　　　　　　　　　　140

二、哪些车不能收　　　　　　　　　　　　　141

第二节　二手车销售　　　　　　　　　　　　141

一、二手车拍照上线集客　　　　　　　　　　141

二、二手车门店销售　　　　　　　　　　　　145

三、二手车置换（4S店）　　　　　　　　　　145

第三节　二手车提档过户　　　　　　　　　　148

一、办理二手车过户的必要性　　　　　　　　148

二、交易流程　　　　　　　　　　　　　　　149

三、二手车过户的基本流程　　　　　　　　　150

参考文献　　　　　　　　　　　　　　　　　　155

第一章 教你鉴定事故车

第一节 车辆外观车漆的检查

检测一辆二手车，首先要检查的是车漆，因为通过车漆的情况可大致判断一些车况，如车的新旧、是否有过剐蹭、是否有过小碰撞等。

车辆外表的磕磕碰碰是常有的事，并不是说外表车漆有损伤就是事故车，**检查外表车漆主要有两个目的**：一是从喷过漆的地方寻找蛛丝马迹，从喷漆点进一步深入检查发现事故程度；二是在价格评估时扣减喷漆的相关费用。车漆检查步骤及要领如下。

一、漆面色差检查

迎着光看漆面上是否有褶皱，距离在1m左右。因为原车喷漆比修理厂补漆要均匀，所以后补的漆在这种情况下会看出有些褶皱的感觉。

通过车身反射光的明暗对比来判断是否补过漆，一般补过漆的地方反射光很暗。但一些高档车都是在厂家指定的特约维修站烤漆，计算机配色、配漆、配亮油，喷漆的质量非常好，不容易观察到。对于金属漆，可以检查漆面金属配料含量的多少。当然，这对喷漆质量好的车影响不大。喷漆质量不好的车会产生色差，通过仔细观察可以检查出来。

注意：在检查时要把车辆停放在一个光线明亮的地方，不要在地下停车场（图1-1）。

图 1-1　检查色差时车辆停放在光线明亮处

二、漆面顺滑性检查

　　喷漆的最后一道工序是抛光打蜡，经过抛光打蜡的漆面应该是很顺滑的，但边角往往不太好抛光（图1-2）。因此这些地方补过漆后会感觉不太顺滑，同时车身的不平整也可以感觉出来。可以用手摸发动机舱盖和行李箱的光滑边，一般补过漆的这些地方靠近玻璃的一边会有粗糙感，与没补过漆的区别很大。

　　如果是整车喷漆，虽然看不出色差，但是在喷漆之前需要把原漆全部用水砂纸打磨掉，这样就会留下一些细微的痕迹，虽然很难发现，但是仔细看还是可以发现的。而且在烤漆时，施工环境很难保证无菌，所以在喷漆过程中可能会掺杂一些细小的颗粒，在车面形成麻点（图1-3），阳光一照，很容易就会看见。

图 1-2　漆面抛光

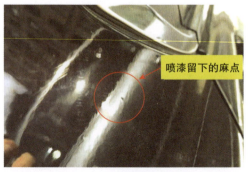

图 1-3　喷漆留下的麻点

第一章　教你鉴定事故车

检查方法：距离漆面 20cm 仔细观察，看有没有灰尘、气泡造成的砂眼（图 1-4），如果有，那么几乎可以断定这个板件补过漆。如图 1-4 所示，这是喷漆过程中有杂物飞进去造成的鼓包。这些小颗粒被包在了车漆里面，是擦不掉的，如果仔细观察是很容易发现的。

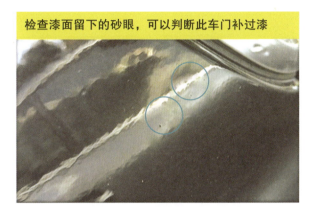

图 1-4　漆面留下的砂眼

三、漆面砂纸打磨痕迹检查

只要刮完腻子用砂纸打磨，都会留有痕迹，如很多或粗或细的条纹（图 1-5），这和周边完好的原车漆部分是不同的（图 1-6）。

图 1-5　喷漆前用砂纸打磨腻子

图 1-6　漆面留下的砂纸打磨痕迹

003

四、敲打法检查漆面

发生过较严重事故的车辆，如果不更换外观件，就必须进行钣金修复。钣金修复的表面不可能像新件那么平整光滑，所以表面必须刮腻子填平，因此喷漆的厚度也会比较厚（图1-7），敲打时声音要低沉一些，特别是喷漆质量不太好时，就更明显了。

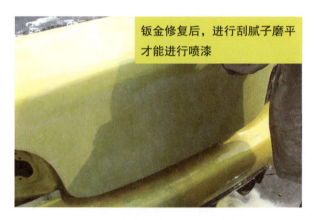

图1-7　车身覆盖件修复后刮腻子

在鉴定二手车时敲打外观件听声音也是鉴定是否补过漆的方法之一，如图1-8所示。**检查方法：在鉴定时，敲击一下车漆面，如果声音发闷，就说明车漆比较厚，可能重新喷过了。原车的漆面很薄，发出的声音比较清脆。**

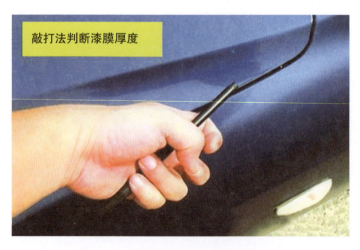

图1-8　敲打车漆表面判断是否喷过漆

五、外观件边缘、装饰条及橡胶密封件留漆检查

在对事故车辆进行喷漆时,有些4S店或修理厂为了节省人工,并不完全按照工序进行施工。比如进行车门喷漆时,按工序应该把车门玻璃压条、车门拉手拆下后喷漆,但有些4S店或修理厂并没有这样做,而是直接用遮挡的方法遮住车门玻璃压条、车门拉手后直接喷漆(图1-9、图1-10),很难做到将遮挡物与车的线条严密地契合住。因此在喷漆的时候难免会有一些油漆飞到周围的地方,这样就很容易在车门玻璃压条和车门的接缝处残留油漆痕迹和"留漆"痕迹。

图1-9 局部喷漆时用报纸遮挡

图1-10 局部喷漆时用薄膜遮挡

喷漆时遮挡

常见局部喷漆后留漆的部位如下：

①前保险杠和前照灯接缝处喷漆留下的留漆（图1-11）。这说明前保险杠发生过碰撞，要重点检查车前部是否发生过事故损伤。

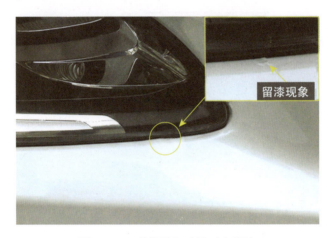

图1-11　前保险杠喷漆时有留漆

②前雷达有挂漆现象。相比原厂的机器人喷漆，人工喷漆通常无法将油漆喷得非常均匀，尤其在这些带有凹凸的地方非常容易留下挂漆的痕迹（图1-12）。这说明前保险杠发生过碰撞，同样要重点检查车前部是否发生过事故损伤。

图1-12　前雷达有挂漆现象

③车门玻璃压条有留漆（图1-13）。这是在喷漆时没有拆下车门压

条留下的残漆。这说明车门发生过碰撞，要重点检查车侧面是否发生过事故损伤。

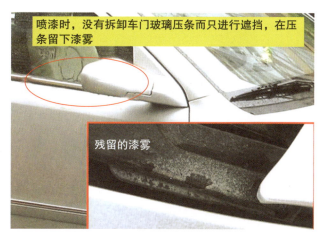

车门留漆检查

图1-13　车门玻璃压条在车门喷漆时留下的漆雾

④倒车雷达留下残漆。左右两个倒车雷达对比非常明显，左边的倒车雷达留下明显的残漆（图1-14）。这说明左后保险杠发生过碰撞，要重点检查车左后部是否发生过追尾事故。

⑤发动机舱内翼子板塑料件侧留下残漆（图1-15）。说明翼子板发生过碰撞，要重点检查翼子板侧是否发生过事故损伤。

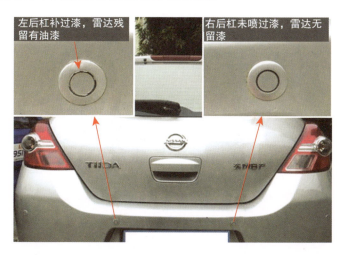

图1-14　倒车雷达留下残漆

图1-15　发动机舱内翼子板塑料件侧留下残漆

六、漆面橘皮现象检查

所谓漆面橘皮，是指漆膜产生橘皮似的块状效果，如橘子皮表面一样（图1-16）。主要原因是由于流平不佳。所谓流平不佳，是指喷枪喷出的油漆颗粒经过雾化到达喷涂表面时，相互间不能再流动，从而不能使漆膜表面平滑（图1-17）。

图1-16　橘子皮的特写

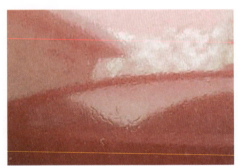

图1-17　漆面橘皮现象

最好在光照下观察漆面橘皮，这样漆面反光时就能很容易看出来（图1-18）。

车辆在补漆时如果喷涂工艺不当，或烘干期的温度控制不当，就容易产生橘皮现象，这和原厂车漆呈现出的镜面效果对比起来还是比较明显的。

光照下观察漆面橘皮，更加容易发现

漆面橘皮现象鉴别

图 1-18 灯光下观察漆面橘皮

七、漆膜厚度检测仪检测车漆（专用仪器检测）

新车的漆面都是计算机自动进行喷涂的，而且是在非常干净的无尘车间里面整体进行的，因此漆膜的厚度会很均匀，不会出现大的差别。而车辆局部受损后人工喷涂的油漆，不可能做到与原厂喷漆的厚度相当。再加上如果存在钣金修复，漆面和金属之间还需要涂抹腻子等，漆膜的厚度会更大。

漆膜厚度检测仪（图 1-19）是检测车体漆膜厚度的仪器，通过测试漆膜的厚度，来判定车辆是否存在钣金或者喷漆的现象。

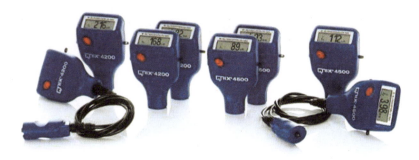

图 1-19 漆膜厚度检测仪

1. 检测方法

在检测中，一般以汽车车顶作为基准，如果其他部位漆膜厚度明显高于基准数值，则该部位可以判定进行过钣金、喷漆修整。在二手车鉴定过程中，如果检测师发现漆膜厚度与基准数值偏差非常大，则应进一步检查该处是否存在事故痕迹，判定是否为事故车。一般情况下，原厂漆面正常厚度在80～150μm（图1-20），只经过喷漆修复后在200μm以上（图1-21），而如果还进行过钣金修复，由于多了一层厚厚的腻子，漆膜厚度可以达到300μm以上（图1-22）。

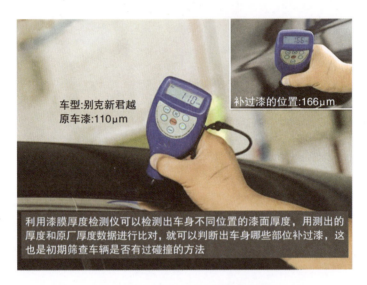

图1-20　漆膜厚度检测仪的使用

图1-21　喷漆修复后的检测值

图1-22　钣金修复右前翼子板后漆膜厚度为378μm

2. 使用漆膜厚度检测仪检测事故车的步骤

① 从车顶收集基准数值。因为不同品牌车辆的漆膜厚度各不相同,在检测时,首先是采集该车的漆膜厚度基准数值(图1-23)。

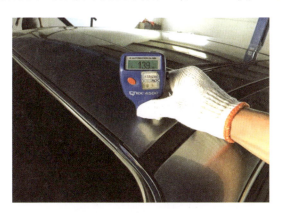

图1-23 采集漆膜厚度基准数值

该车的漆膜厚度基准数值在140μm左右,如果车体其他部位的漆膜厚度与此近似或在此值以内,都说明没有问题。

② 发动机舱盖漆面的检测。车辆发生前部碰撞和后部追尾事故往往比较多,应把发动机舱盖漆面的检测放在重要的位置(图1-24)。

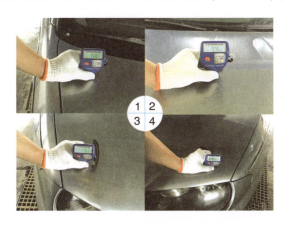

图1-24 发动机舱盖漆面的检测

发动机舱盖漆膜厚度都在基准范围内,说明该车前部没有钣金或喷漆修复现象。当然,还需要检测接合部位,如内部的螺钉是否拆装过等,以判断是否完全更换了发动机舱盖。

③ 行李箱盖漆面的检测。从车辆行李箱盖和后端的漆面检测结果看，漆膜厚度也在基准范围内，因此也可判断该车尾部没有钣金或喷漆的历史（图1-25）。

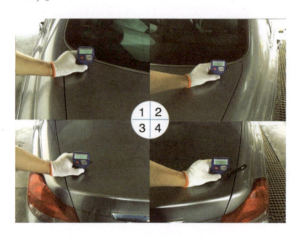

漆面检测仪检测行李箱盖

图1-25　行李箱盖漆面的检测

④ 车门漆面的检测。车门漆面的检测是判断是否经历过侧面碰撞的依据之一（图1-26）。

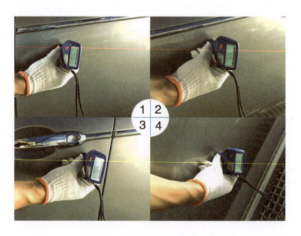

图1-26　车门漆面的检测

⑤ A、B、C柱漆面的检测。车体A、B、C柱的检测，是判断是否为事故车的重要指标（图1-27）。如果A、B、C柱有钣金操作或补漆等修复痕

迹，说明车辆存在发生过重大事故的嫌疑，二手车鉴定评估师就会着重对车辆底盘和前后侧梁做进一步的检测。

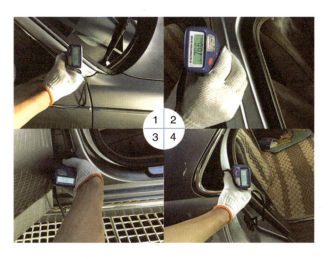

漆面检测仪检查前车门及A柱

图1-27　A、B、C柱漆面的检测

八、利用油箱盖进行辅助判断

汽车的油箱盖是事故车辆喷漆调漆的样板，需要调漆时会把油箱盖拆下来，根据上面的漆色调配油漆，这样喷出来的漆就很难发现色差。在检查二手车是否补过漆时，应检查油箱盖的固定螺钉有没有被拧过（图1-28），如果有，那就要特别注意。

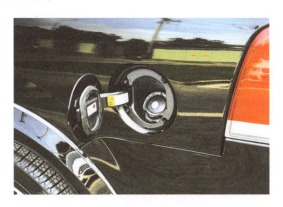

图1-28　检查油箱盖是否拧动过

总 结

检查色差、挂漆、补漆笔痕迹、车漆橘皮现象、飞漆、腻子痕迹、车漆里的小鼓包，这些都是一个有经验的二手车鉴定师推断漆面情况的线索。同样地，线索越多，位置越集中，推断的结果就越准确。当然，车漆的好坏并不能反映车况的优劣，鉴定师更多的是通过车漆的情况来大致估量一下车况，然后从不同位置的喷漆情况来推断车辆可能经受过的擦碰或撞击点，进而对该位置附近的更多部位，尤其是关键质量控制区域进行更细致的检查，以准确地判断车况。

九、识别改色车

一般来说改色车是不会对车辆正常行驶产生很大影响的，但是要看怎么改。如果仅仅是外观改色（图1-29），发动机舱及内饰地板不改的话还好，因为不需要拆卸内饰和发动机；如果连发动机舱都改了颜色的话，因为需要拆掉所有的内饰，很可能在装回时达不到原来精度，在日后行驶时内饰容易出现异响。

图1-29 银色雨燕改成红色

检查改色车可以从以下几个部位进行。

1. 检查车门框判断改色车

识别改色车最简单的办法就是通过观察密封胶条内的色差及喷漆痕迹来判断，拉开车门密封条，观察门框的颜色（图1-30）。

第一章 教你鉴定事故车

图1-30 拉开车门密封条露出了原车的颜色

2. 检查发动机舱盖判断改色车

在改色时会把发动机舱盖拆下来进行喷漆，但发动机舱盖铰链一般不喷（图1-31），检测发动机舱盖铰链很容易发现原车漆颜色，据此判断此车为改色车。

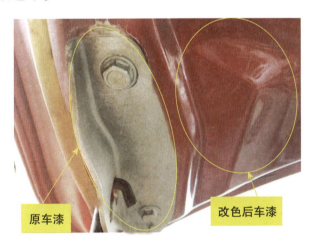

图1-31 发动机舱盖铰链和发动机舱盖比对

3. 检查减振器座判断改色车

在改色时减振器座一般不会喷漆，还是保留原来的车漆颜色（图1-32），据此很容易判断此车为改色车。

图1-32 检查减振器座颜色

4. 检查车铭牌判断改色车

要改色喷漆时,一般车辆铭牌不会拆下,只会用报纸遮盖,在铭牌的边缘会看到原车漆颜色(图1-33)。

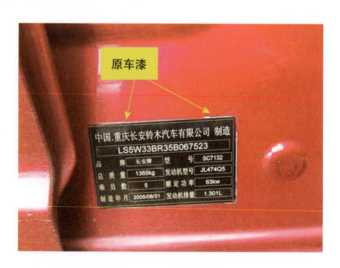

图1-33 检查车铭牌

5. 检查天窗(如果带有天窗)判断改色车

将天窗完全打开,通过观察天窗滑轨内侧的颜色来判断车辆是否是改色车。因为天窗滑轨内侧的夹层很深,里面的颜色都是汽车厂商在制造汽车时单独喷上的,后期改色很难做到将颜色均匀地喷到里面,只要是改色的车,就会有色差和喷涂精度的问题存在(图1-34)。

图1-34 检查车天窗判断改色车

第二节 车辆缝隙检查

一般的乘用车都是由13个外观件(钣金件)拼成的,包括前保险杠、左右前翼子板、发动机舱盖、车顶、四个车门、左右后翼子板、行李箱盖和后保险杠。每一辆车下线生产出来,这13块板之间的缝隙都是均匀一致的,这样车辆看起来美观、协调(图1-35)。

图1-35 车辆外观图

一旦车辆有过撞击，边缝就会有褶皱、断裂等变化，想要恢复出厂时的外观是很难的。**对车身的缝隙检查主要有两点：一是看边缝大小是否均匀（图1-36）、左右是否一致，二是看车漆颜色是否一致。**

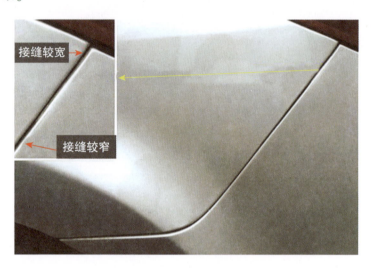

图1-36　缝隙的检查

一个有经验的二手车鉴定人员在鉴定二手车时，首先是扫视一下车的整体，即看车"整不整"。所谓"整不整"就是看车的轮廓是不是顺滑，棱角是否分明，车身腰线是否有高低错位，车体是否对称。

一、整车方正的检查

检查时，把车停放在一个光线明亮的地方，站在车的正前方观察的车的方正情况（图1-37）。如果车辆存在过碰撞修复，那么很多地方的缝隙就会出现左右不对称的情况；如果是喷漆修复的话，颜色调配不一致也会出现明显的色差，影响人的美观感受，即感觉看着不舒服。

图1-37 看整体

二、车身曲线的检查

一般情况下,如果车身正面、侧面没有受到过撞击的话,它的前脸线条(图1-38)、车身腰线会是非常流畅的(图1-39)。如果腰线不流畅或者钣金件之间产生落差,那么很可能车辆是被撞过的。

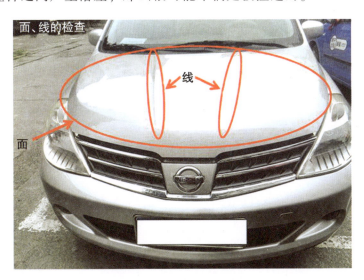

图1-38 面、线的检查

观察侧面最主要的是车身的腰线,其次是车门底部边线。正常情况下,这些线条出厂时都应该是平的,如果遭受过撞击、修复调整,那么由于对车门进行调整,这些线条就会出现参差不齐的瑕疵。

图1-39 车身腰线的检查

三、车身缝隙的检查

1)发动机舱盖与前翼子板、前照灯、前保险杠缝隙的检查(图1-40)。

图1-40 发动机舱盖与前翼子板、前照灯缝隙的检查

无事故车辆缝隙应左右对称、均匀、流畅、无留漆（图1-41）。发生过事故的车，如果调整不好，缝隙会大小不一，左右不对称（图1-42）。

图1-41　没有事故的发动机舱盖与前照灯缝隙均匀、平整

图1-42　发生过事故的车辆的前照灯与前翼子板缝隙不均匀

2）车门与车门、车门与前翼子板、车门与后翼子板缝隙的检查。缝隙应左右对称、均匀、流畅、无留漆（图1-43）。

图1-43 车门缝隙的检查

① 前车门与前翼子板缝隙的检查(图1-44)。

图1-44 前车门与前翼子板缝隙的检查

② 前门与后门之间缝隙的检查。没有发生过撞击事故的前、后车门之间的缝隙应大小均匀整齐,左右对称(图1-45)。

③ 后车门与后翼子板缝隙的检查。没有发生过事故的后车门与后翼子板缝隙应均匀整齐(图1-46),发生过事故的车缝隙大小不一(图1-47)。

第一章 教你鉴定事故车

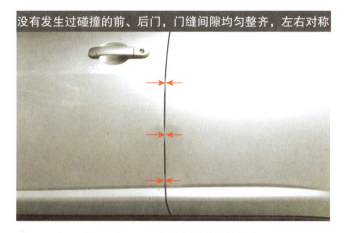

图1-45 前后门之间缝隙的检查

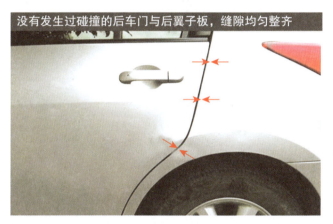

图1-46 后车门与后翼子板缝隙的检查

图1-47 事故修复调整后车门与后翼子板缝隙大小不一

④ 车门外部密封条的缝隙的检查。观察车门外部密封条的缝隙是否整齐划一，也是判断车辆侧面是否碰撞过的依据。如果密封条的缝隙不协调，或者一段齐，一段不齐，那么车门很可能是修复过的（图1-48）。

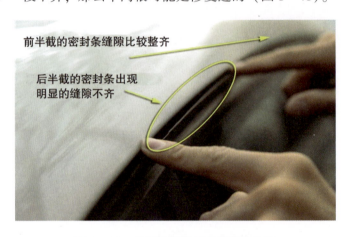

图1-48 车门外部密封条缝隙的检查

3）后翼子板与后保险杠、后翼子板与行李箱盖、行李箱盖与后保险杠缝隙的检查。缝隙应左右对称、均匀、流畅、无留漆（图1-49）。发生过追尾事故的车辆，如果缝隙调整不好，就会出现大小不一的现象（图1-50、图1-51）。

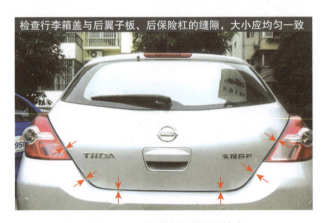

图1-49 车辆尾部缝隙的检查

第一章　教你鉴定事故车

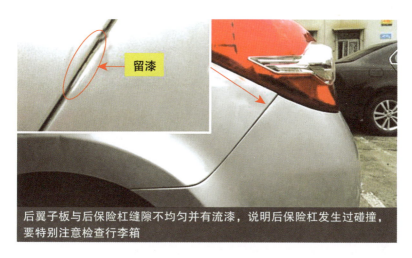

图 1-50　后保险杠与后翼子板缝隙大小不一并有留漆

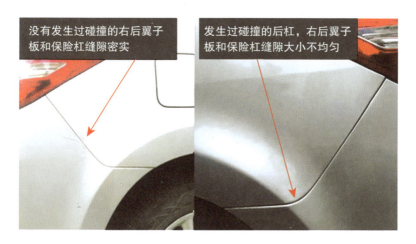

图 1-51　没有发生过碰撞的后保险杠和发生过碰撞的后保险杠缝隙对比

如果不知道原车缝隙是什么状态，也可以将左右两侧对比来看。在图 1-52 中这辆车右后尾灯的缝隙明显比左后尾灯大很多，这说明是维修安装调整不到位所致。

车身缝隙的检查

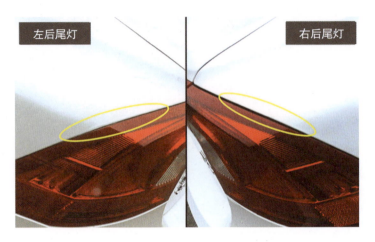

图 1-52 左、右尾灯对比

第三节 车身骨架的检查

在购买二手车时，人们最担心的是买到事故车。那什么样的车才算是事故车，是不是补过漆的车就是事故车呢？答案是否定的。

事故车是指由非自然损耗的事故造成车辆伤损，导致力学性能、经济价值下降的车辆。二手车鉴定中的"事故车"，一般是指存在结构性损伤的车辆。同时，泡水车、火烧车等也都属于"特殊事故车"这一类。

所谓结构性损伤，是指车辆发生碰撞或者损坏之后，伤及车梁、车架等部位，需要经过整形、切割、焊接等才能修复的损伤。其具有以下特征。

① 经过撞击，损伤到发动机舱和驾驶舱的车辆。

② 后翼子板撞击损伤超过其三分之一的车辆。

③ 纵梁有变形、整形、焊接、切割的车辆。

④ 减振器座有变形、整形、焊接、切割的车辆。

二手车鉴定中事故车的定义

⑤ A、B、C柱有变形、整形、焊接、切割的车辆。

⑥ 因撞击造成汽车安全气囊弹出的车辆。

⑦ 车身不可拆卸部分有严重的变形、整形、焊接、切割的车辆。

⑧ 车身经水浸泡超过车身二分之一，或积水进入驾驶舱的车辆。

⑨ 车身经火焚烧超过 0.5m²，经修复仍存在安全隐患的车辆。

现代轿车大部分都采用承载式车身结构，汽车的整个车身是一体的，没有贯穿整体的大梁，发动机、传动系统、前后悬架等部件都装配到车身上，车身负载通过悬架装置传给车轮。轿车车身主要由前、中、后三部分组成：前部由横梁、纵梁、减振器座组成，中部由 A/B/C 柱、底板、车顶组成，后部由后纵梁、后围、行李箱底板组成(图 1-53)。车身构件中主要受力部件是前、后纵梁，A、B、C 柱（图 1-54），这些构件的强度也是最高的，不容易变形。如果这些构件产生变形，往往是受到了较大的撞击。

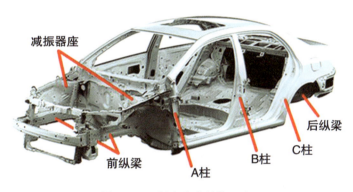

图 1-53 轿车车身结构示意图

图 1-54 车身骨架强度示意图

对于一辆车来说，车架就相当于人体的骨架，一辆车的车架如果有损伤，就好比一个人"伤筋动骨"，那就称不上是一辆"健康"的车了，就成了事故车。检查一辆二手车是不是事故车，主要检查车身骨架有没有损伤。主要检查车身骨架前、后纵梁，减振器座，A、B、C 柱有没有受到过撞击损伤。

一、前后纵梁的检查

前纵梁由两根位于两边的纵梁组合而成,主要是承载发动机(图1-55)。纵梁多用低合金钢板冲压成形,断面为槽形或工字形。为了分散吸收事故撞击的能量,车辆的纵梁前方属于吸能区,吸能区上有溃缩引导槽(图1-56),吸能区一旦发生碰撞就会产生溃缩,在溃缩引导槽处会留下折痕,即使修复后也很容易看出来,所以查看前纵梁是排查事故车的重要方式。

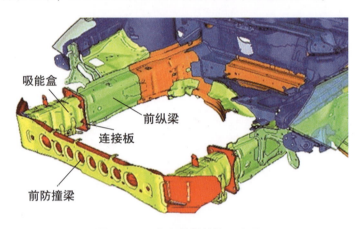

图1-55　车身纵梁结构示意图

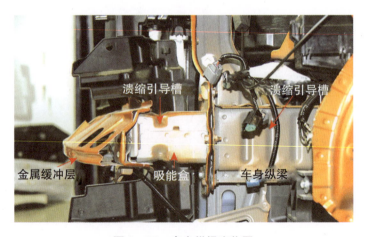

图1-56　车身纵梁实物图

车辆纵梁在小事故中受伤的概率比较低,所以如果一辆车的纵梁有问题的话,那么这辆车一定经受过不小的事故。车辆前纵梁一旦发生碰撞就会产生溃缩，即使修复后也很容易看出来。对吸能盒来说，它的破损并不影响汽车本身的安全性，因为这是可以更换的（图1-57）。但是如果伤及纵梁，造成了纵梁溃缩，那么就可以认定为大事故车。因为纵梁的维修只能通过钣金，甚至需要重新切割焊接才能进行修复。

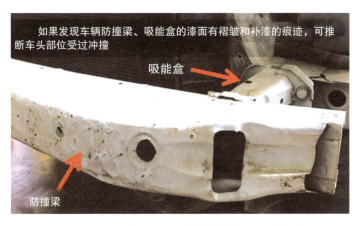

图1-57　防撞梁和吸能盒事故修复留下的痕迹

纵梁的检测方法有两种，一种是看纵梁是否变形，另一种是看有没有局部的生锈。

变形：纵梁如果受到过事故挤压，那必然会有扭曲或者变形破损的痕迹（图1-58），这可定性为大事故车。图1-59所示车辆横梁受损严重，但纵梁没有损伤，不算事故车。

更换过前纵梁的轿车

图1-58　事故造成的纵梁严重损伤

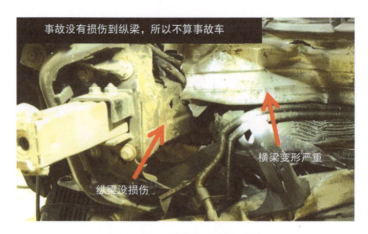

图1-59 事故造成横梁变形

生锈：纵梁生锈在使用年限比较长的车辆上很常见，不过一般年限不长的车不会有局部生锈情况产生。而纵梁受伤的车会产生局部生锈现象（图1-60）。

图1-60 纵梁完好和生锈示意图

⚠️ **注意**：并不是所有纵梁生锈的车都出过事故。

1. 观察梁体是否变形

梁头有不正常的褶皱和凹坑,并且梁头螺栓也拧过了(图1-61),这是纵梁受损的表现。

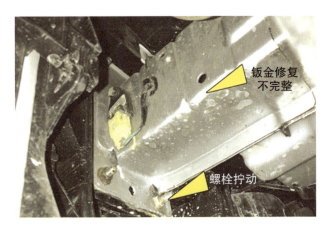

图1-61 检查梁头是否受损

 注意:在检查梁头时要注意左右的对称性。如果发现两个凹坑,或者弯曲是对应存在的,那么很有可能是原厂就有的,不能算事故,不要盲目下结论,以免误判。

同样看是否有褶皱的还有梁身部分(图1-62),要顺着梁体全面仔细观察。正常情况下梁身应该是严丝合缝的,如果发现有开裂的迹象,或者不规则的褶皱,最好把车举升起来做更细致的检查。

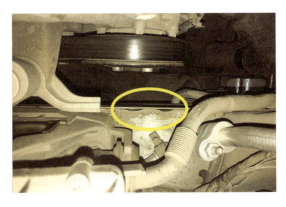

前纵梁的检查

图1-62 检查梁身是否受损

2. 观察梁体及轮旋是否有裂隙，焊点是否一致

如果车辆发生过严重事故，纵梁在修复时会烧焊，烧焊的痕迹是非常明显的（图1-63），看起来也很直观。至于一些振裂的位置，要细致观察，就一定会发现。

图1-63 纵梁修复时留下的烧焊痕迹

按照经验来说，车辆发生撞击，容易被撕裂的地方是接合处，所以可以用简单模式来查找问题。把车举升起来，特别检查轮旋的部位（图1-64），严丝合缝的地方发生事故时容易被振裂。

严重事故修复过轮旋的车辆

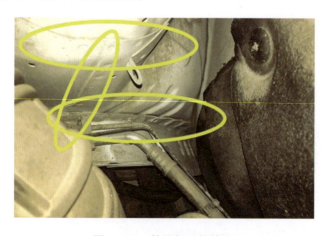

图1-64 轮旋部位的检查

3. 后纵梁的检查，主要是检查梁体是否有变形生锈

设计后纵梁时为了分散事故撞击时的能量，设计了一些溃缩引导点（图1-65）。在发生撞击时，溃缩点就会产生变形。严重的事故会导致梁体变形（图1-66、图1-67），这可定性为事故车。

图1-65　后纵梁结构示意图

图1-66　后纵梁头事故受损变形示意图

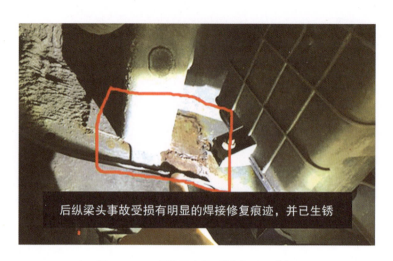

图1-67　后纵梁事故受损变形示意图

二、A、B、C柱的检查

通过检查汽车重要的骨架（A、B、C柱）以及车底大边是鉴别一辆车是否为事故车的重要依据。其实A、B、C柱不仅起到支撑车顶的作用（图1-68），更重要的是在车辆翻滚或者倾覆时对车内人员起到保护作用。A、B、C柱一旦在事故中受伤变形，那么这辆车就属于大事故车范畴了，与报废几乎没有区别。而对车底大边的检查是发现车辆有没有拖底以及切割的重要依据。

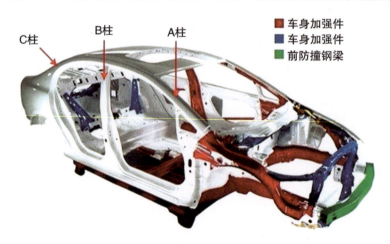

图1-68　A、B、C柱示意图

1. A柱及车门的检查

由于A、B、C柱对于车身安全以及车辆刚性起到至关重要的作用，并且A、B、C柱在修复完成之后也比较隐蔽，在检查的时候一定要擦亮双眼。首先检查A柱，由于A柱比较靠前，当车辆受到前方严重撞击或者侧方撞击时，A柱很有可能发生变形。

A柱的事故检查要内外结合来看。首先看A柱外表是否有明显的凹凸现象或者重新刮腻子的痕迹以及补过漆；其次就是要打开A柱下方的密封条，观察密封条里的框架与激光焊点是否规整，原厂的焊点是圆形和凹陷的（图1-69）。如果发现金属框架与焊点有钣金修复的迹象，焊点也不平整或者没有这些焊点，就有可能是事故修复后用腻子填平的（图1-70），可以判断这辆车的A柱有可能受过撞击。

门边胶条拆装演示

A柱的检查

图1-69 车门框上原厂焊点示意图

除了常规检查方法检查A柱焊点判断是否为事故车外，还可以使用漆膜厚度检测仪对A柱是否补过漆进行判断（图1-71），检测的车辆漆膜厚度达1286μm，可以判断A柱补过漆，那么就要重点检查A柱是否发生过严重撞击。

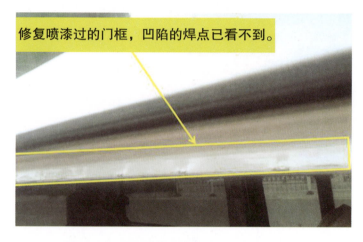

图 1-70 事故修复后用腻子填平焊点示意图

图 1-71 使用漆膜厚度仪检查 A 柱示意图

有些发生过严重事故的车辆,单看门框上的焊点可能判断不出是否是事故车,因为 A 柱变形严重,可能更换了新件,那这类车又应该怎样检查呢。

一是重点检查 A 柱切割的位置,因为切割后一定要焊接,在焊接的地方肯定会留下痕迹。二是检查 A 柱相邻部位翼子板内衬。多部位结合检查,肯定会发现事故修复的痕迹。

如图 1-72 所示,该车前部发生严重的事故,右侧 A 柱、翼子板内衬都已更换新件,在更换时进行了切割和焊补。在二手车鉴定时找准切割点进行检查,肯定会发现事故修复的痕迹。检查的技巧是从焊点位置看,焊点从哪里消失的,就是从哪里开始切割的。

图1-72　A柱更换切割示意图

除了检查A柱上的焊点外,还要检查柱子上的螺栓是否拧动过,拧动过的螺栓会在螺栓头或螺母上留有痕迹(图1-73)。顺便检查车门是否拆装更换过,也是判断A柱是否发生过事故的依据之一。

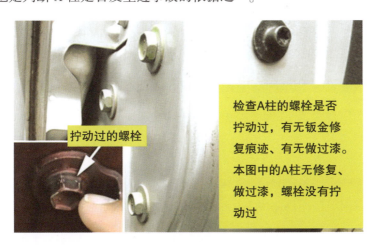

图1-73　检查A柱上的螺栓是否拧动过

打开车门，检查车门合页及固定螺栓（图1-74）。如果螺栓拧动过会在螺栓或螺母上留下痕迹（图1-75）

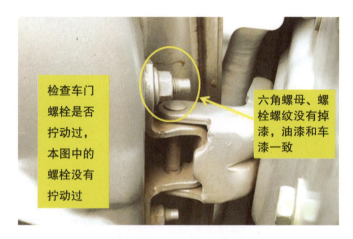

图1-74　检查车门合页、螺栓是否拧动过

图1-75　车门螺栓拧动过痕迹示意图

仅凭车门螺栓的拧动痕迹不能证明车门曾经更换过，也可能是因为需要钣金喷漆而拆卸。还要通过检查车门胶条来判断车门是否更换过。正常情况下，原车门都由机器打胶条，所以非常平整、顺畅（图1-76），而后换的车门都是由人工打的，看上去非常不均匀，摸起来也会稍软一些。

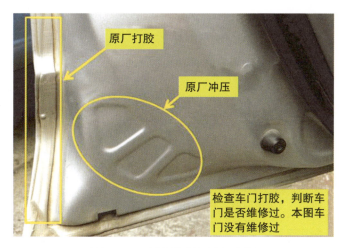

图1-76　原厂车门打胶示意图

如果发现车门打胶不平整、颜色与车门颜色不一样，那么基本可以判定这个车门曾经修复过，甚至可能是更换过了。

一般来说，如果车辆的侧面没有受到过碰撞，在关门的时候，车门会很顺畅地关闭。如果车门修复过的话，在车门自然关闭的过程中会发现关门不顺畅或者关不严的情况，有时还会出现车门关上了，但是车门和门框却存在落差的情况，因此可以通过开关车门的顺畅情况、关门声音的厚重判断是否维修过（图1-77）。如果车门更换过的话，也可以在车门边缘及门框部分找到喷漆修补的痕迹。

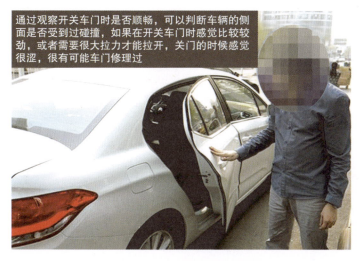

开关车门检查

图1-77　检查车门示意图

2. B柱的检查

B柱的检查和A柱相仿,都要检查密封条下的金属框架与激光焊点,修复过的都会留下痕迹(图1-78)。还可以配合漆膜厚度检测仪进行检查(图1-79),图中车辆漆膜厚度为949μm,说明补过漆。

B柱的检查

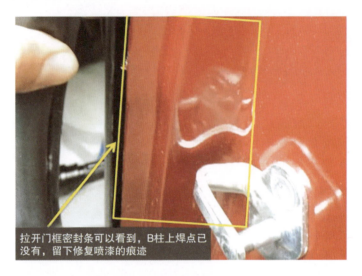

图1-78　B柱修复示意图

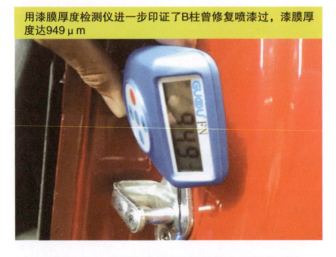

图1-79　使用漆膜厚度检测仪检查B柱示意图

检查 B 柱时，要特别注意检查中间位置的铰链部分。当打开前门的时候就可以看到 B 柱中间位置的铰链，一旦车辆受到来自侧面的撞击造成 B 柱变形，这个位置的铰链也一定会发生变形，严重的甚至要切割更换（图 1-80）。

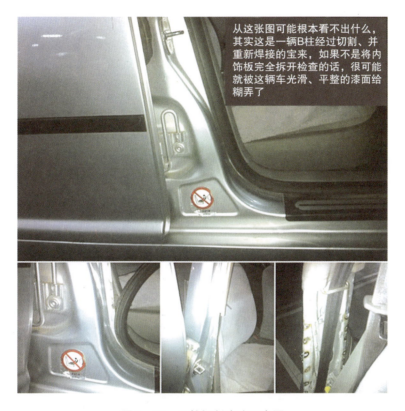

图 1-80　B 柱切割痕迹示意图

另外还有一个小窍门，由于 B 柱上的这个铰链位于十分隐蔽的位置，长时间下来铰链内侧都会有积土痕迹，如果检查时发现铰链十分新，漆面也十分光亮（与外观车漆几乎相同），那么这个铰链也有可能是新换的。

判断 B 柱有没有修复过，还有一个方法：检查 B 柱上的轮胎气压提示标签或铭牌（图 1-81）是否还存在，因为这些标签都是一次性的，修复过后就不复存在。这也是判断 B 柱是否修复过的一个依据。

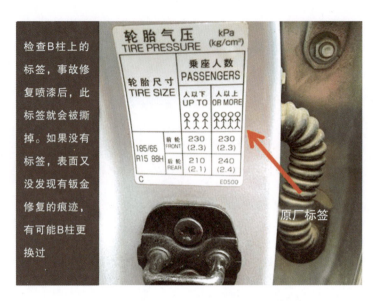

图1-81　B柱上轮胎气压标签示意图

同样还是车身侧面，通过观察锁具部分是否有位移的痕迹和喷漆修补的痕迹（图1-82），可以判断车门部分是否被修理过。一般只有侧面受到严重碰撞后才会修理这个部分，尤其是补过漆的。

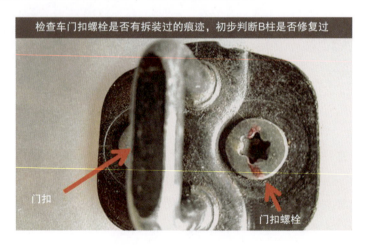

图1-82　B柱锁扣示意图

3. C柱的检查

C柱位于车辆的后方，当车辆受到来自后方或者侧后方的撞击时，C柱极容易受到损伤变形（图1-83）。C柱的检查也比较"特别"，除了正常的检查之外，最主要的一项就是打开行李箱盖查看行李箱两侧的金属框架是否有变形或者钣金修复的迹象，其次查看这里的激光焊点是否规整（图1-84）。如果发现框架有钣金的迹象，焊点并不规整，那么很有可能这辆车受到过来自于后方的撞击，有可能伤及C柱。另外在检查时，可以用手指甲掐一掐左右翼子板后端内侧的胶质，看胶质是否均匀完整，有没有龟裂的情况。如果发现胶质有断裂或者重新涂抹的痕迹，那么就有可能是C柱受伤修复之后造成的。

更换后叶子板的轿车

C柱的检查

图1-83　原厂C柱和修复过C柱对比示意图

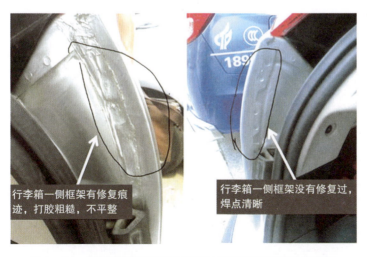

图1-84　原厂行李箱框架和修复过行李箱框架对比示意图

如果侧面碰撞或后部碰撞比较严重，C柱就有可能需要更换（图1-85）。单从行李箱框架、C柱焊点可能无法判断C柱是否修复过，因为更换后焊点和原厂差不多。这时就要重点检查切割的位置和焊接的情况（图1-86），另外就是重点检查行李箱框架的打胶情况。切割后再焊接就不会有原厂凹陷的焊点，行李箱框架的打胶和原厂相比会显得比较粗糙且不平整。

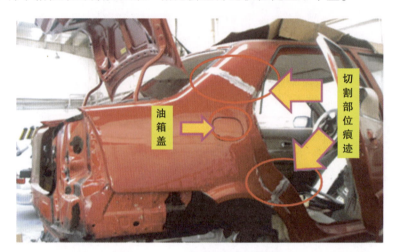

图1-85　C柱更换切割示意图

后风窗左右下角对应位置的行李箱密封胶条下的封口是否有烧焊修复痕迹

图1-86　C柱更换切割、敲击痕迹示意图

4. 底大边的检查

在查看底大边时,最主要的还是看激光焊点,因为车辆在切割的时候肯定会触及这些激光焊点。主要是看这些焊点是否规整均匀(图1-87),如果发现焊点模糊不清或者底大边有明显的焊接痕迹,那么这辆车的底大边肯定被切割过(图1-88)。

鉴定二手事故车的简单总结

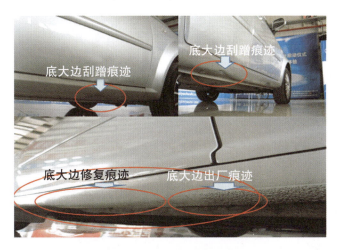

图1-87 底大边检查示意图

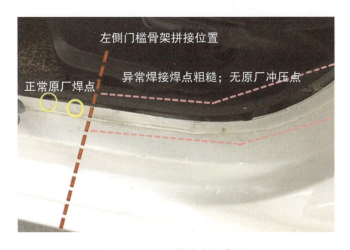

图1-88 门槛修复示意图

第四节　车辆内饰的检查

车辆内饰的检查主要包含座椅、转向盘、仪表台、门饰板、车顶饰板、地毯等的检查（图1-89），通过检查这些部件的整洁度、干净度、新旧程度、磨损状况，以及有无破损、更换或拆装过，车内自带的靠枕、饰件是否齐全，各个开关操控是否顺手，有无问题等来鉴定一辆二手车的使用保养状况。一般来说，座椅、内饰进行过翻新的车很有可能出现过重大问题。

图1-89　轿车内饰

一、车门内饰板的检查

检查车门内饰板（图1-90）、内饰扶手、开关键（图1-91、图1-92）的磨损情况。主要是检查是否破损、有无翻新的情况。

图1-90　车门内饰板检查示意图

图1-91　车门开关键检查示意图

图1-92　车门后视镜开关键检查示意图

二、转向盘磨损情况的检查

转向盘主要检查 3 点、9 点位置的磨损情况（图 1-93），这也是判断调表车的一个重要依据。

如果转向盘材质本身比较差，很容易因为磨损出现破损的问题。这样的车 2~3 年可能就出现转向盘表皮破损，那么用这种方法就很难判断了。

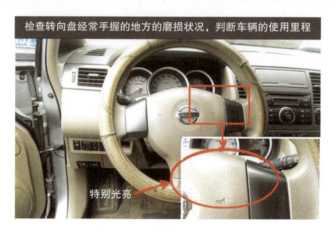

图 1-93 转向盘检查示意图

三、驾驶人座椅磨损的检查

驾驶人座椅主要看是否有破损及印痕（图 1-94），另外还要检查座椅的

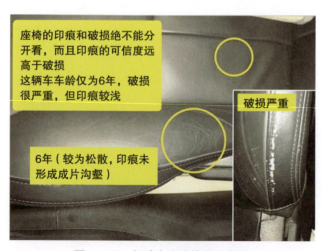

图 1-94 驾驶人座椅检查示意图

弹性。使用一定年限后，座椅弹性会变差，并有塌陷感（图1-95）。

图1-95　驾驶人座椅弹性检查示意图

四、安全带的检查

主要是检查驾驶人侧的安全带新旧程度、是否更换过（图1-96）。安全带一般很少清洗，所以手经常拉的位置相对其他位置会比较旧，年限越长的车就越明显（图1-97）。

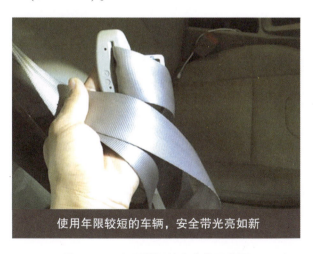

图1-96　年限较短的安全带示意图

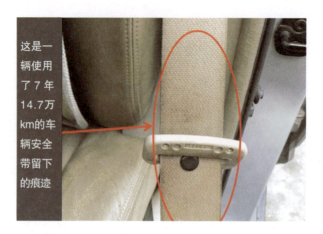

图 1-97 用了一定年限的安全带示意图

检查安全带的标签和生产日期可以判断安全带是否更换过（图 1-98）。原装安全带的生产日期应该早于整车的出厂日期，如果安全带的生产日期晚于整车的出厂日期，说明安全带更换过，可以判断此车可能发生过比较严重的事故。

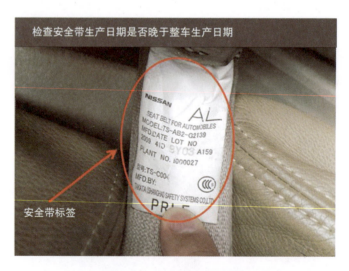

图 1-98 安全带标签示意图

五、脚垫、地毯的检查

检查脚垫、地毯是否干净潮湿，是否有异味，是否翻新，以作为判断泡水车的依据（图1-99、图1-100）。检查地毯时，要特别留心那些一尘不染的，连点浮土脏污都看不见，而且色泽明显发亮的地毯。

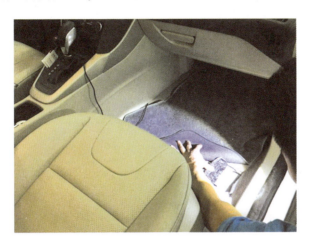

图1-99　检查脚垫示意图

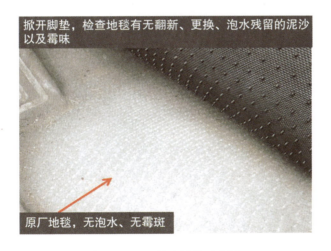

图1-100　检查地毯示意图

六、中控台仪表、音响、杂物箱的检查

1. 仪表的检查

打开点火开关至2档（ON）位置，观察仪表灯的显示是否正常，有无缺

少显示的现象。电喷发动机汽车大都有故障提示功能,在打开点火开关时,各个警告灯都应点亮;如果有警告灯没亮,很有可能是车主因此项故障没有排除,故意拆掉警告灯的灯泡或把警告灯的线路剪断,给人此车无故障的错觉。发动机起动后,大部分警告灯都应熄灭(如果未松开驻车制动制动灯会亮、未系安全带安全带警告灯会亮、车门不关车门灯会亮),车辆行驶时所有警告灯都应熄灭,如果有警告灯常亮表示有故障。

例如,某车辆发生过重大事故,气囊全部弹出来,但车辆没有购买保险,更换气囊的费用比较贵,为了节省费用,车主不打算安装气囊。如果不安装气囊,仪表板上的气囊警告灯会不断闪烁。车主想把车卖掉,为了不让人发现这车没有气囊,就会在警告灯上做手脚,把气囊警告灯拆掉或把气囊警告灯线剪掉,这样警告灯就不再闪烁了。

发动机未起动和发动机起动后仪表板警告灯示意如图 1-101 和图 1-102 所示。

仪表检查

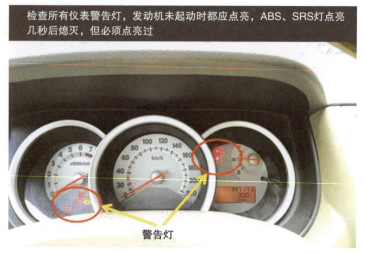

图 1-101 发动机未起动时警告灯示意图

图1-102　发动机起动后警告灯示意图

2. 空调、音响的检查

空调要检查送风模式、制冷效果、有无异味。音响要检查按键是否有卡滞、手感好不好,当然功能必须要完好(图1-103)。

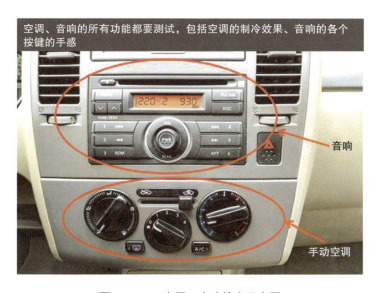

图1-103　空调、音响检查示意图

3. 杂物箱的检查

主要检查杂物箱有没有破损、裂纹、泥沙（图1-104）。杂物箱内部属于比较隐秘的位置，有些事故车为节约维修费用，对一些隐秘的部位仅做简单处理，如果发现这些地方有裂纹或焊接的痕迹，可能是事故所致。如果有泥沙，有可能是一辆泡水车。

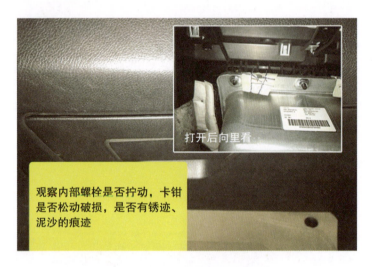

图1-104 杂物箱检查示意图

中控台后面有很多部分都是铁质的，所以污水极容易腐蚀这里。

以上都是检查中控台是否拆卸更换过的手段。

七、后排座椅、车顶内饰的检查

后排座椅主要检查右后座位置，右后座位置是后排坐得比较多的位置，磨损也比较严重（图1-105）。

车顶内饰主要检查平整度，是否翻新过（图1-106）。如果翻新过一般情况都比较严重，有可能是严重泡水造成车顶内饰更换或翻车造成车顶变形更换。有明显色差其实指的是新旧区别，如果车顶很脏，但是车内其他地方却非常干净，那很可能就是翻新了。

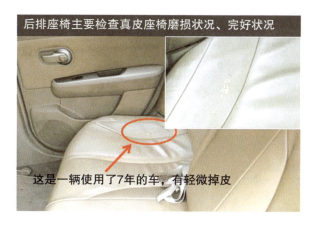

图1-105　后排座椅检查动意图

图1-106　车顶内饰检查示意图

第五节　发动机舱的检查

发动机舱检查分两部分：一部分是钣金件的检查，主要是鉴定是否发生过事故；另外一部分是发动机部分的检查，主要是检查发动机的工作状况。

检查发动机舱时，主要检查发动机舱盖、散热器支架（俗称龙门架）、左右翼子板、发动机舱结构件等（图1-107）。

图 1-107　发动机舱示意图

一、发动机舱钣金结构件的检查

1. 发动机舱盖的检查

如果车辆的车头部分发生过碰撞,有两种可能性:一是比较严重的事故导致更换了发动机舱盖;另外一种是轻微事故,发动机舱盖进行过修复喷漆(图 1-108~图 1-110)。

发动机舱盖的检查

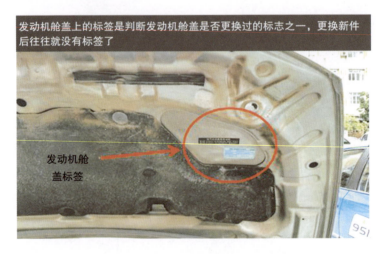

图 1-108　发动机舱盖标签示意图

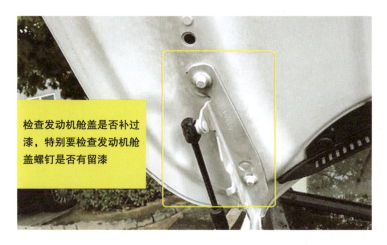

图 1-109　发动机舱盖铰链留漆示意图 1

图 1-110　发动机舱盖铰链留漆示意图 2

(1) 发动机舱盖修复喷漆的鉴定方法

①打开发动机舱盖，双手提起发动机舱盖，掂量一下发动机舱盖的重量，如果感觉比较重，就要怀疑发动机舱盖是否修复喷漆过。

②用发动机舱盖撑杆撑起发动机舱盖，观察舱盖内部是否有修补或喷漆的痕迹，可以判断车辆是否发生过碰撞事故。

③使用漆膜厚度检测仪检查发动机舱盖漆面的厚度，判断发动机舱盖是否补过漆。

(2) 更换过发动机舱盖的鉴定方法

一是观察发动机舱盖内的标签是否存在（当然并不是所有车型都贴在发动机舱盖上，有些车型贴在散热器框架上），修复喷漆过或更换过发动机舱盖后标签就不复存在（图1-108）；二是观察发动机舱盖铰链上的螺钉是否拆装过，如果发动机舱盖铰链上的螺栓拧动过，发动机舱盖又没有修复过的痕迹，那么发动机舱盖就有可能更换过。

检查发动机舱盖铰链处的螺栓是否存在拧动的痕迹，没有拧动过的如图1-111所示。

图1-112所示为发动机舱盖铰链螺栓明显被拧动过，而且被重新喷过漆。不过在发动机舱盖上并没有发现钣金修复的痕迹，所以这个发动机舱盖可能是后期更换的。

图1-111　发动机舱盖铰链螺栓没有拧动过示意图

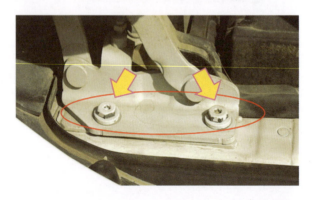

图1-112　发动机舱盖铰链螺栓拧动过痕迹示意图

2. 前保险杠、前照灯、散热器框架的检查

车辆发生前部碰撞，最先碰撞的是保险杠、前照灯，然后是散热器支架（图1-113、图1-114）。保险杠、前照灯都是塑料件，发生事故时容易损坏，只要注意观察很容易鉴别出来（图1-115）。

图1-113 检查散热器支架上的标签示意图

打开发动机舱盖后能够清晰地看见保险杠上沿有漆雾现象（图1-115），而且有毛边。一般情况下，原厂保险杠做工较好，不会出现这样的情况，这说明前保险杠可能更换过。

图1-114 检查散热器支架示意图

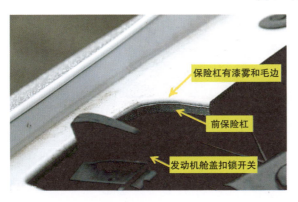

图1-115 前保险杠留漆示意图

前照灯更换的鉴别方法：一是对比左右两个灯，如果一个新一个旧，那么新的就是更换过的灯；二是如果左右一样新，但和车辆使用年限明显不匹配，那就是两个灯同时更换，可以检查灯的生产日期，如果生产日期晚于整车的生产日期，那么就可以判断两个前照灯已经更换过。

例如，图1-116所示这辆车的整车出厂日期为2014年6月，但是右前照灯的生产日期为2014年9月23日，所以这个前照灯很有可能是更换过的（图1-117）。

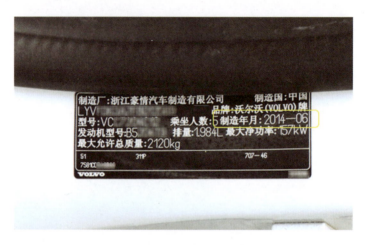

图1-116 整车出厂日期示意图

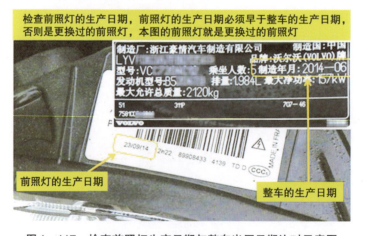

图1-117 检查前照灯生产日期与整车出厂日期比对示意图

检查前照灯是否更换过还有一个方法，就是检查前照灯的新旧程度。如果一辆车龄比较长的车，前照灯却比较新或左右两个灯的新旧程度不一，那么可以肯定新灯是更换过的（图1-118）。

图1-118 检查前照灯新旧程度示意图

3. 车头结构部件的检查

一辆车一旦发生碰撞，首先受损的一般都是覆盖件，比如发动机舱盖、保险杠、翼子板等。如果碰撞的强度非常大，就会波及发动机舱内的各个结构部件，由于冲击力较大，发动机舱内各种连接部位的固定件就容易产生位移（图1-119～图1-121）。

图1-119 发动机舱结构示意图

通过观察翼子板内侧结构件是否有焊接修复的痕迹，可以判断车辆是否碰撞过，但这只是初步判断，还要结合纵梁、减振器座等多部位的情况综合判断车身是否发生过重大碰撞。

图1-120　发动机舱内侧结构示意图

图1-121　翼子板固定螺栓位移示意图

发动机舱结构件和减振器座的检查

发动机舱的减振器座也是鉴别事故车的一个非常重要的部件（图1-122），如果减振器座变形，会影响减振效果和悬架的角度，也就是使车轮的定位参数改变，通俗讲就是车辆很可能呈"外八字"或者"内八字"在路上行驶，引起吃胎、跑偏、转向重、转向不回位等故障。

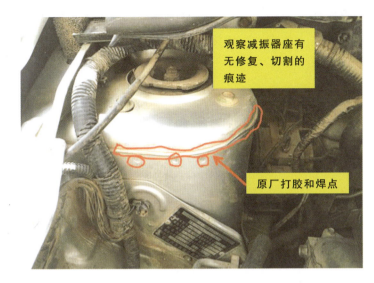

减振器座打胶的检查

图1-122 减振器座结构示意图

用鉴定减振器座的方法去判断事故车,主要有以下三种情况。

第一种是侧面撞击。侧面撞击到车身之后,很容易使减振器座报废(图1-123),而且从结构上来说,侧面比较大的撞击可能不仅只损伤了减振器座,那一侧的纵梁也可能伤及,因此纵梁也要仔细检查。

图1-123 减振器座维修切割示意图

第二种是正面撞击而伤及减振器座。一般出过这种事故的车辆不太会进行修复，因为正面有过这么大的撞击，那么它的发动机总成和纵梁都会发生严重变形，所以已经没有再修复的价值了。

第三种是进行减振器改装的车辆，比如说气动、绞牙减振器。改装车都喜欢把车身高度降低，然后调硬减振器阻尼，这样车身显得特别好看，特别有姿态。减振器调硬后减振器座所承受的冲击会加大，久而久之，大多都会出现车架或者减振器座变形。

二、发动机机械、电器元件的检查

发动机静态检查主要是检查发动机有无漏油、漏水，发动机部件有无拆装过，发动机舱的规整情况等。

① 打开发动机舱盖检查发动机外部清洁情况，如有少量油迹和灰尘是正常的（图1-124）。如灰尘过多，那车辆可能磨损较大，如一尘不染，则要特别注意，可能是车主为了掩盖一些信息而做了细心的清洁，比如二手车商的车。

② 机油油位、品质的检查。如油位过高，说明发动机严重窜气或漏水。机油颜色检测可用白纸擦拭，新的机油呈透亮的金黄色（图1-125），如颜色变黑，属正常。如为其他颜色是不正常现象。

图1-124　发动机上有少量油迹和灰尘属正常现象

图1-125　新机油颜色呈透亮的金黄色

车辆使用一段时间后，机油颜色会变黑，但如果黏度正常（图1-126），属正常现象。使用时间较长的机油除变黑外，黏度会严重下降（图1-127）。

图1-126 使用一段时间后机油的颜色

图1-127 使用时间较长后机油的颜色

在检查机油口盖时，要在拧开机油口盖后观察其底部，正常情况下应该比较干净（图1-128）。如机油口盖底部有一层黏稠的深色乳状物（图1-129），还有与油污混合的小水滴，这种情况下，发动机可能就不正常，可能是缸垫、缸盖或缸体损坏，导致冷却液渗入机油中造成的，就是通常说的机油进水。保养不好或发动机磨损严重的车辆，打开机油口盖后可以看到气门室内有油泥（图1-130），如果有这种情况发生，发动机可能需要大修，这对车辆的价格影响非常大。从发动机这些情况的好坏，可以间接判断车辆的保养状况，原车主对车的爱护程度。

图1-128 保养良好的车机油口盖示意图

图1-129 机油进水变乳白示意图

图1-130 机油口盖内油泥示意图

③检查发动机冷却液（图1-131）。发动机冷却液的检测必须在车辆静止的状态下进行，因为如车辆起动，检测时很容易被冷却液烫伤。检查冷却液液面上是否有异物漂浮，如有油污浮起，表示可能有机油渗入；如发现锈蚀的粉屑漂浮，表示散热器内的锈蚀情况已经很严重，这对发动机的影响很大。

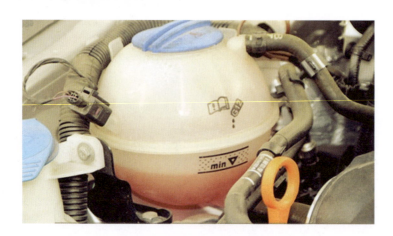

图1-131 冷却液示意图

④ 检查电路系统。通过观察孔检查蓄电池的状态，绿色为正常（图1-132），变白说明蓄电池已达到使用寿命，一般蓄电池的使用寿命为两年左右。另外就是检查点火系统高压线、高压包的状况（图1-133）。

图1-132 检查蓄电池示意图

⑤ 检查发动机有无拆装、维修过。主要检查气门室盖、气缸盖接合面密封胶的痕迹（图1-134），以及气门室盖，水泵，进、排气管等外围附件的螺栓有没有拧动过（图1-135～图1-137），如果拧动过，说明发动机维修过。

图1-133 检查发动机电路系统示意图

图1-134 气门室盖拆装过重新上密封胶示意图

图1-135　气门室盖螺栓拧动过示意图

图1-136　排气管螺栓拧动过示意图

图1-137　发动机附件螺栓拧动过示意图

第六节　行李箱组件的检查

轻微追尾的事故会伤及后保险杠、后围、行李箱盖，严重的会伤及行李箱底板、后翼子板。行李箱组件的检查主要是行李箱盖、行李箱底板、后保险杠、后围、后翼子板的检查。

一、行李箱盖的检查

打开后盖，首先观察后盖内侧有没有敲打、喷漆过的痕迹（图1-138、图1-139）；其次观察后盖边缘打胶情况，没有事故修复过的车辆打胶均匀，平整光滑（图1-140），修复后打胶粗糙不平整（图1-141）；第三观察后盖铰链螺栓有没有拧动过，没拧动过的螺栓上没有痕迹，油漆颜色与车身车漆颜色一样，拧动过的螺栓会留下痕迹（图1-142）。

图1-138　三厢车行李箱盖示意图

图1-139 两厢车后盖示意图

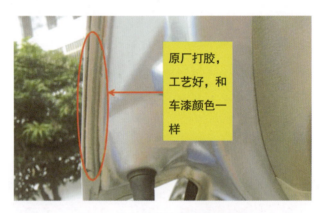

图1-140 后盖原厂打胶示意图

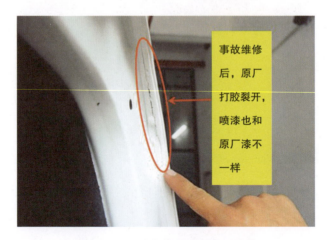

图1-141 后盖修复后打胶示意图

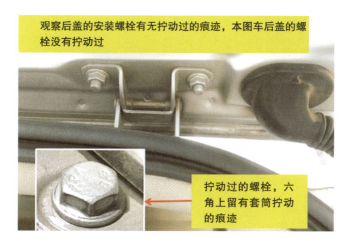

图1-142 检查后盖螺栓是否拧动过示意图

二、后保险杠、后围的检查

观察后保险杠的卡扣有没有撬动过（图1-143）、后围板有没有敲打、生锈、喷漆过的痕迹（图1-144、图1-145），如果有生锈（图1-146）、焊接过（图1-147）的痕迹，就要重点检查行李箱底板、后翼子板内衬是否有修理过的痕迹。

图1-143 检查后围是否拆装过示意图

图1-144 检查后围是否有切割焊接痕迹示意图

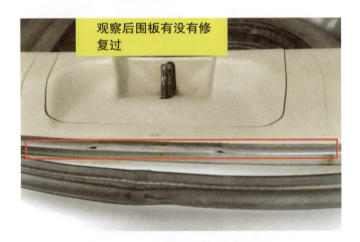

图1-145 没有修复过的后围示意图

图1-146 修复过已生锈的后围示意图

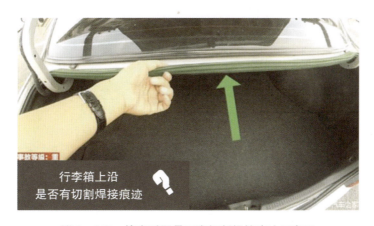

图 1-147　检查后围是否有切割焊接痕迹示意图

三、行李箱底板的检查

把行李箱盖板取下，观察底板有没有敲打、喷漆过的痕迹（图 1-148）。轿车行李箱的备胎座是冲压成形的部件，棱角分明（图 1-149）。

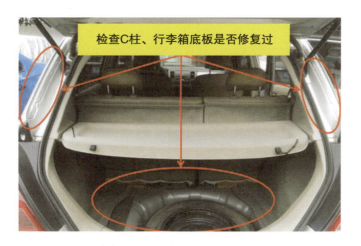

图 1-148　行李箱的检查

如果看到备胎箱有更换或者敲击复位的痕迹（图 1-150），那这辆车一定后部有过事故。敲击复位的痕迹很容易看出来，把备胎拿出来之后就能明显地看到很不正常的敲击痕迹。

图1-149 没有修复过的行李箱的备胎底板示意图

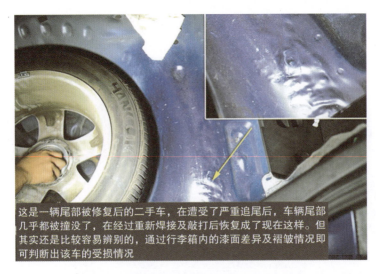

行李箱的检查

图1-150 修复过的行李箱的备胎底板示意图

如果发生比较严重的撞击,行李箱底板已经更换过又怎么检查呢?这就要仔细检查行李箱底座周围的打胶情况,在切割的位置都会打上钣金胶(图1-151)。原厂打的胶平整,和车的颜色一样,切割修复后打的胶粗糙不平整,颜色和车漆不一样。

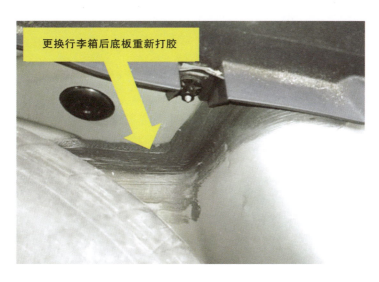

图1-151　更换行李箱备胎底板重新打胶示意图

四、行李箱框架的检查

行李箱框架的检查是判断是否发生过车辆追尾的重要依据。对于两厢车来说，主要检查尾门框和C柱之间的框架（图1-152），没有修复过的尾门框，打胶均匀、棱角分明，左右对称（图1-153）；对于三厢车来说主要检查后翼子板框架（图1-154）。

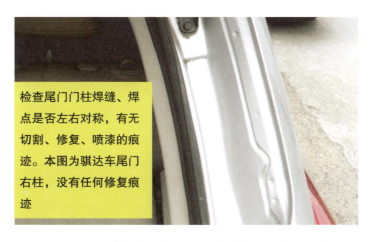

图1-152　没有修复过的两厢车行李箱框架（右）示意图

图1-153　没有修复过的两厢车行李箱框架（左）示意图

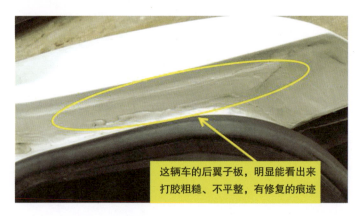

图1-154　修复过的三厢车行李箱框架（右）示意图

第七节　解读车上的一些数字密码

一、解读VIN的秘密

什么是车辆识别码（VIN），相信很多人都不是很清楚，车辆识别码其实相当于车辆的"身份证"，每款车都有一个不同的识别码，它们由字母和数字组成（图1-155）。通过汽车的识别码，可以直接看出车辆的国别、生产时间、型号等信息。

图 1-155 VIN 示意图

1. 挑选二手车只有两位最关键

虽然车辆识别码由 17 位数字和字母组成（图 1-156），不过对于二手车而言，只有两位编码才是最关键的，只要记住这两位，那么对于一些潜在问题就可以很好地进行分析。首先要记住的是首位编码，首位编码代表制造商，也就是哪个国家生产的（1 代表美国、L 代表中国、V 代表法国、W 代表德国、K 代表韩国等）。比如：买一辆德国原装进口车，如果车辆识别码是 W，那就说明车辆没问题，如果是别的字母，那么就要小心了，有可能车架号重新打过，或有其他问题。

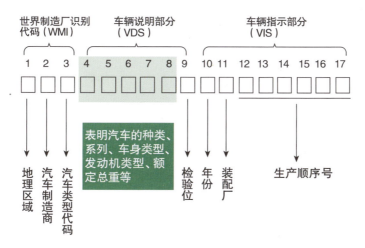

图 1-156 VIN 编码规则

除了首位编码外，第 10 位编码表示生产年份，它代表出厂时间。比如：一款不错的老车，登记证记载的是 2002 年，但车辆识别码第 10 位是 W，那么就说明这辆车是 1998 年生产的，属于积压已久的库存车。

2. 车辆识别码在车上的位置

车辆识别码大多在非常明显的位置，如前风窗玻璃左下角（驾驶人侧）、右侧防火板上（图 1-157）。也有一些车型比较特殊，车辆识别码位于其他地方，如标致 307 的车辆识别码除在风窗玻璃下外，在车辆铭牌和右前减振器上部的车身上也能找到，而有的车型车辆识别码则在行李箱上，或其他一些地方。

图 1-157　VIN 在车上的位置

3. 在鉴定二手车时主要要了解 3 位编码的含义（第 1 位、第 2 位和第 10 位）

第 1 位编码代表生产国家（图 1-158）。

通过第 1 位编码可以直接看出车辆的出产地：1、4 代表美国、J 代表日本、S 代表英国、2 代表加拿大、K 代表韩国、T 代表瑞士、3 代表墨西哥、L 代表中国、V 代表法国、W 代表德国、6 代表澳大利亚、Y 代表瑞典、9 代表巴西、Z 代表意大利。

第 2 位编码：表明汽车制造商（图 1-159）。

1 —美国	S —英国
2 —加拿大	T —瑞士
3 —墨西哥	V —法国
4 —美国	W —德国
6 —澳大利亚	Y —瑞典
9 —巴西	Z —意大利
J —日本	
K —韩国	
L —中国	

图 1-158　VIN 第 1 位编码代表含义

1 – Chevrolet	A – Jaguar	H – Honda
2 – Pontiac	B – BMW	L – Daewoo
3 – Oldsmobile	B – Dodge	M – Hyundai
4 – Buick	C – Chrysler	M – Mitsubishi
5 – Pontiac	D – Mercedes	M – Mercury
6 – Cadillac	E – Eagle	N – Infiniti
7 – GM Canada	F – Ford	N – Nissan
8 – isuzu	G – General M	P – Plymouth
A – Alfa Romeo	G Suzuki	S – Subaru
A – Audi	H – Acura	T – Lexus

图 1-159　VIN 第 2 位编码代表含义

第 10 位编码表示车型年份（图 1-160）。

字母与数字循环使用，30 年为一个周期

年份	代码	年份	代码	年份	代码	年份	代码
1991	M	2001	1	2011	B	2021	M
1992	N	2002	2	2012	C	2022	N
1993	P	2003	3	2013	D	2023	P
1994	R	2004	4	2014	E	2024	R
1995	S	2005	5	2015	F	2025	S
1996	T	2006	6	2016	G	2026	T
1997	V	2007	7	2017	H	2027	V
1998	W	2008	8	2018	J	2028	W
1999	X	2009	9	2019	K	2029	X
2000	Y	2010	A	2020	L	2030	Y

比如 1999 年出厂的车辆用字母 "X" 表示，30 年之后的 2029 年字母 "X" 将再次启用

图 1-160　VIN 第 10 位编码代表含义

总结

无论是挑选二手车还是新车，车辆识别码都起着参考作用，尤其是首位编码和第 10 位编码，它们可以直接反映车辆的生产国别和生产时间。有了这些基础知识，在挑选车辆时，可以直接看出车辆的具体信息，尤其对于一些二手车而言，车辆识别码反映的车辆信息更有参考意义。例如，同样一辆宝马 5 系轿车，如果 VIN 的首位是 W，那么就是原装进口德国的，如果首位是 L，那么就是华晨宝马生产的。

二、解读玻璃上的密码

一块好的汽车玻璃对我们非常重要,它不仅能够阻挡热量、减弱速度感,同时也是汽车安全系统的重要组成部分。汽车上的每块玻璃都印有相关的标识(图1-161),具体包括以下几个方面。

图1-161　玻璃上的标识

1. 汽车品牌标志

汽车玻璃会打上汽车厂商的品牌标志,一般情况下这是一块玻璃上最大的标志。例如,奥迪汽车会打上奥迪的标志,雷诺汽车会打上雷诺的标志,福特汽车会打上福特的标志(图1-162)。

图1-162　玻璃上汽车厂商的品牌标志

第一章 教你鉴定事故车

2. 玻璃厂商的品牌标志

除了在玻璃上打上汽车厂商的品牌标志外，还会打上玻璃生产厂商的标志，如我国知名的汽车玻璃生产厂商福耀玻璃。图1-163和图1-164所示为常见轿车配套玻璃品牌。

图1-163　玻璃生产厂商标志

福耀：福耀集团是国内知名的汽车玻璃生产供应商。

圣戈班：法国圣戈班集团（Saint-Gobain）于1665年由Colbert先生创立。圣戈班在高档车型中所占份额较大。

旭硝子：旭硝子株式会社是日本一家玻璃制品公司，为全球第二大玻璃制品公司，1907年成立，至今已超过一百年。

皮尔金顿：英国皮尔金顿公司是世界上较大的玻璃生产集团之一，1826年创建于英国St. Helens，已具有100多年的历史，在全球拥有25个生产基地，销售公司遍布130个国家，是路虎的御用品牌。

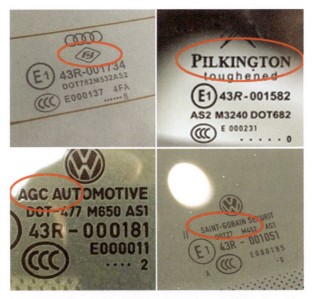

图1-164　玻璃上玻璃生产厂商标志

3. 玻璃的生产日期

玻璃上并没有直接标明生产日期，而是通过一些符号进行标识（图1-165）。

图1-165 玻璃上生产日期标识

图1-165中，"······8、9····"这些好像摩尔斯电码一样的标志就是玻璃的生产日期，其中：8、9表示年份，就是2008年和2009年，同理15就是2015年，5就是2005年。黑点在数字前，表示上半年生产，计算公式是7-黑点数，那么图中左图就是7-6=1，所以这块玻璃是2008年1月生产的；如果黑点在数字后，则表示为下半年生产，计算公式是13-黑点数，那么图中右图就是13-4=9，所以这块玻璃是2009年9月生产的。

4. 怎样判断玻璃是否更换

检查玻璃上的生产日期（图1-166），再和车辆铭牌上的整车出厂日期（图1-167）比对，可以判断玻璃是否更换过。玻璃作为配套的配件，

图1-166 检查玻璃的生产日期

其生产日期要比整车出厂日期要早，如果发现玻璃生产日期晚于整车的出厂日期，可以判定玻璃已经更换过。

图1-167 汽车铭牌上出厂日期

从图1-166和图1-167可以看出玻璃的生产日期为2009年10月，整车出厂日期为2009年11月，玻璃生产日期先于整车出厂日期，可以判定这块玻璃是原厂玻璃，没有更换过。

检查玻璃生产日期判断玻璃是否被更换

三、解读轮胎上的秘密

轮胎上的标识很多，有品牌、型号、生产日期等（图1-168）。鉴定二手车主要是了解轮胎的品牌、生产日期。轮胎的型号包含一串数字及英文标识，其含义如图1-169所示。

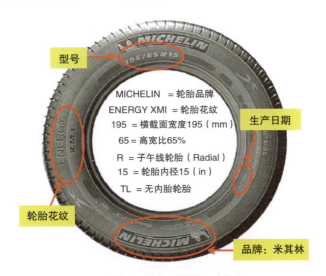

图1-168 轮胎上的标识

轮胎规格标识（轿车）

175/70　R　13　82　T　ENERGY　XH1　TL

175 = 名义上的横截面宽（mm）
70 = 高宽比
R = 子午线结构
13 = 名义上的轮胎内径，即名义上的轮辋直径（in）
82 = 负载指数（即表示此轮胎最高负载为475kg）
T = 速度级别（即表示此轮胎最高速度为190km/h）
ENERGY = 附属品牌（即ENERGY产品系列）
XH1 = 轮胎花纹（即产品名称）
TL = 无内胎轮胎

图1-169　轮胎上的型号含义

检查二手车时，最重要的是要知道轮胎的"新鲜度"，因为轮胎的使用寿命一般是3~5年，也就是说要知道轮胎是什么时候生产的。但是轮胎并没有直接标明生产时间，而是通过一串数字表示，如图1-170所示。

轮胎的检查

图1-170　轮胎上的生产日期标识

第二章 教你鉴定调表车

现在汽车维修的技术越来越先进，调低里程表显示的里程数成为相当简单的事，有些车主或者二手车商为了让车辆卖个好价钱，私自对车辆进行"整容"、调低里程数（图2-1），让消费者了解不到车辆的真实状况。在购买二手车时，里程数只能作为一项参考，不要把它当作衡量车况的唯一指标，当然，学会辨别二手车的真实里程数也是非常重要的。在检测二手车是否调过里程表时，主要从以下几个方面进行检查。

图2-1 调表示意图

一、通过4S店查询准确里程数判断是否为调表车

同一品牌的汽车4S店，数据库都联网了，因此汽车的维修和保养记录，可以在任一同品牌4S店查到。但这通常只适用于那些在4S店进行维修保养的汽车，部分车主不去4S店进行维修保养，就不会有维修、保养记录（图2-2）。

图 2-2　4S 店维修保养记录示意图

二、检查转向盘的磨损情况判断是否为调表车

正常情况下，更换转向盘的可能性很小。转向盘在每天的转动中，不知不觉中就会留下很深的印记，所以它最能反映用车频率。不过有些车主会用转向盘套，增加了一些判断的难度，还有就是每个驾驶人的驾驶习惯不一样，手握的位置也不一样，并不一定都是 3 点、9 点位置握得最多，检查时要找准位置（图 2-3）。

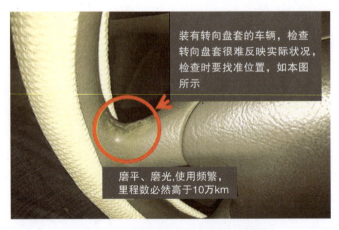

图 2-3　找准转向盘检查位置示意图

【例1】行驶里程14万km多的骐达车。本车装有转向盘套，磨损的位置在常按喇叭处，这个位置磨得比较光（图2-4）。

图2-4　行驶里程超过14万km骐达车转向盘示意图

【例2】13年车龄、行驶里程超过20万km的大众车。本车装有转向盘套，磨损的位置在3点、9点处（图2-5）。

图2-5　13年车龄、行驶里程超过20万km大众车转向盘示意图

三、检查驾驶人座椅磨损情况判断是否为调表车

驾驶人座椅主要检查靠近车门一侧，用了一定年限、里程的车辆会留下

印痕及破损,就好比一个人一样,随着年龄的增长,脸上都会留下皱纹。行驶里程在 10 万 km 以上的车辆还伴有一定塌陷。

【例1】6 年车龄座椅磨损状况(如图 2-6 所示),靠近车门一侧的座椅有掉皮、轻微的印痕、塌陷,相当于一个中年人了。

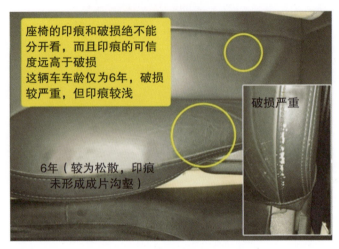

图 2-6　6 年车龄座椅示意图

【例2】10 年车龄座椅磨损状况(如图 2-7 所示),座椅有掉皮、塌陷、严重的印痕,相当于一个老年人了。

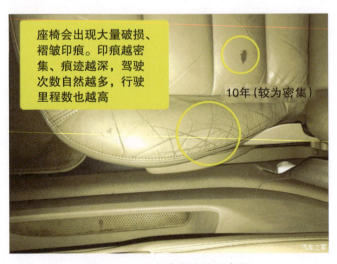

图 2-7　10 年车龄座椅示意图

【例3】7 年车龄、行驶里程超过 14 万 km 的骐达车驾驶人座椅磨损状况如图 2-8 所示,已经掉皮、塌陷。

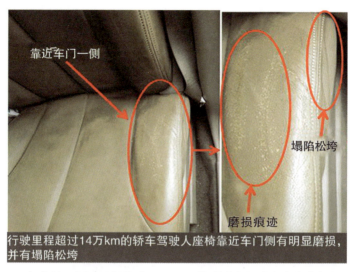

图 2-8 7 年车龄、行驶里程超过 14 万 km 的骐达车驾驶人座椅磨损状况示意图

【例4】行驶里程超过 15 万 km 的车辆驾驶人位置车门侧塌陷情况如图 2-9 所示,靠近车门一侧有较严重的塌陷。

图 2-9 行驶里程超过 15 万 km 的车辆驾驶人位置车门侧塌陷情况

四、检查车门饰板的磨损情况判断是否为调表车

车门饰板首先要检查扶手位置,行驶了一定里程的车辆会看到磨损及油光(图 2-10)。

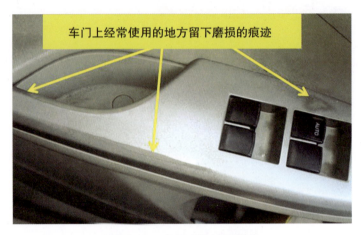

图 2-10 车门内饰板的检查

其次,检查车门上开关键磨损情况(图 2-11),车门上的开关键用了一定年限后会出现油光或掉字,如果出现掉字,车辆一般行驶里程在 20 万 km 以上。

图 2-11 车门开关按键检查示意图

五、检查变速杆的磨损情况判断是否为调表车

只要开车,肯定会用到变速杆,使用多了变速杆头部就会留下磨损的痕迹,行驶里程越多,磨损就越明显(图 2-12)。另外,使用一定年限的汽车变速杆防尘套会老化掉皮,有些车会更换新的(图 2-13)。

图 2-12　变速杆磨损检查示意图

图 2-13　变速杆防尘套检查示意图

【例1】7 年车龄、行驶里程 14.7 万 km 骐达车变速杆磨损状况如图 2-14 所示,变速杆头部已经磨光。

【例2】10 年车龄、行驶里程 25 万 km 车变速杆磨损状况如图 2-15 所示,变速杆头部磨损严重。

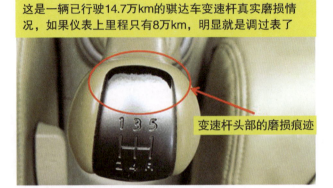

图2-14　7年车龄、行驶里程14.7万km骐达车变速杆磨损状况示意图

图2-15　10年车龄、行驶里程25万km车变速杆磨损状况示意图

六、检查离合器、制动踏板、加速踏板的磨损情况判断是否为调表车

加速踏板使用频率最高，其次是离合器踏板、制动踏板，这三个踏板反映了车辆使用状况（图2-16）。

【例1】行驶里程14.7万km的骐达车三个踏板的磨损状况如图2-17所示。

【例2】行驶里程超过23万km的车辆三个踏板的磨损状况如图2-18所示，加速踏板、离合器踏板磨损都比较严重。

第二章 教你鉴定调表车

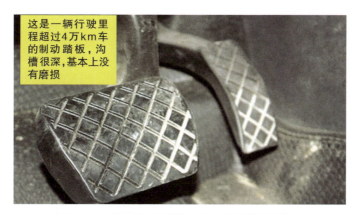

这是一辆行驶里程超过4万km车的制动踏板，沟槽很深，基本上没有磨损

图2-16 检查加速踏板、制动踏板的磨损状况

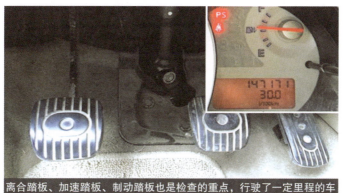

离合踏板、加速踏板、制动踏板也是检查的重点，行驶了一定里程的车这几个踏板都会磨得比较光亮。这是一辆行驶里程14.7万km车的三个踏板，如果表上里程为8万km左右就明显是调过表了

图2-17 行驶里程14.7万km的骐达车三个踏板的磨损状况示意图

行驶里程超过23万km车辆的三个踏板磨损痕迹，如果表上显示10万km多，肯定是调表车

图2-18 行驶里程超过23万km车三个踏板的磨损状况示意图

093

【例3】行驶里程超过 30 万 km 以上的车辆三个踏板的磨损状况,如图 2-19 所示,三个踏板破损都非常严重。

图 2-19　行驶里程超过 30 万 km 的车辆三个踏板的磨损状况示意图

七、检查制动盘的磨损情况判断是否为调表车

制动盘的磨损状况反映了一辆车的行驶里程,正常情况下 10 万 km 无须更换(图 2-20)。检查时要特别注意,一般情况下制动盘内侧磨损要比外侧大(图 2-21)。如果一辆使用了 5 年以上的车辆制动盘却很新,那说明这辆车更换过制动盘,其行驶里程肯定要超过 10 万 km。

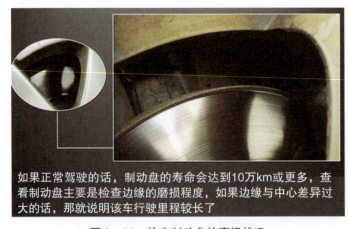

图 2-20　检查制动盘的磨损状况

图2-21 制动盘内侧比外侧的磨损大

一般来说,城市道路行驶的轿车,制动盘寿命可以达到10万km甚至更多。本图为一已行驶14.7万km骐达车制动盘的磨损状况,外侧磨损比较少,但内侧磨损要比外侧严重,检查时要特别注意

八、检查轮胎的磨损情况判断是否为调表车

轮胎在行驶三四万千米磨损一般不太明显(图2-22),另外就是比对轮胎的生产日期是不是在整车出厂之后,判断轮胎是不是更换过(图2-23),更换轮胎的次数也是判断车辆行驶里程的依据之一。

城市正常驾驶情况下,如果车辆行驶里程没有超过4万km,那么轮胎的磨损程度并不会太明显,如果出现胎面较平的情况,那说明车辆行驶里程要多几万千米

图2-22 检查轮胎磨损判断行驶里程

图2-23 比对生产日期判断轮胎是否更换过

九、调表案例

图2-24所示为一辆已行驶7年的标致308轿车,仪表上显示行驶里程为60610km(图2-25)。检查发现后制动片已更换,制动盘磨损沟槽较深(图2-26)(前驱车辆前轮制动片、制动盘磨损要比后轮快,一般前轮更换两次制动片后轮才更换一次),轮胎已更换为2013年生产的轮胎,并且已磨损至极限(1.6mm)(图2-27)。制动踏板、加速踏板也有一定磨损(图2-28)。

图2-24 2009年10出厂的标致308

第二章　教你鉴定调表车

图 2-25　仪表显示行驶里程数为 60610km

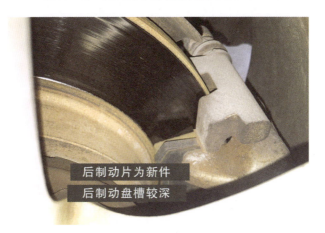

图 2-26　后制动片已更换

图 2-27　已更换了 2013 年生产的轮胎

图2-28 制动踏板、加速踏板磨损严重

综合以上检查,经验判断此车行驶里程数应为10万km以上,判定这是一辆调表车。

第三章 教你鉴定泡水车

一般而言,泡水车按受损情况大致可以分为三种,第一种为水面超过车轮,车辆脚垫位置出现积水情况;第二种为水面浸湿座椅或超过中控台;第三种情况为水面直接超过了车体。第一种情况损害比较轻微,第二、第三种情况就比较严重了。

一、鉴别泡水车的方法

① 闻味,进入车内闻一下有没有发霉的异味。
② 检查发动机舱、车舱、行李箱是否有泥沙、锈蚀。
③ 查看座椅是否软硬不一。
④ 查看中控台空调、音响各功能键,检查液晶屏显示是否明暗不一。
⑤ 检查底盘是否过度锈蚀。

鉴定泡水车主要从三个地方观察:一是内饰,二是行李箱,三是发动机舱。

二、检查内饰鉴别泡水车

1. 检查座椅鉴别泡水车

判断泡水车可以从很多方面去看,如可以从座椅的手感、气味去判断。泡过水的座椅即便是在强力清洗之后,还是会有刺鼻的霉味,而且泡水的地方相比没有泡的地方手感相差很大。

首先,可以看看车内座椅,无论是织布还是真皮材质的座椅,如果进水,肯定会产生一些泛黄的水迹,即使清理后,座椅的表面也会有不同程度的色差。另外,由于汽车座椅大部分采用发泡海绵材质,进水后材质会相对偏硬,而且软硬不均,大力按压边缘的话可以发现软硬度区别(图3-1)。

图3-1　按压座椅检查软硬度

2. 检查车门饰板鉴别泡水车

如果车门采用布艺或真皮包裹,也要注意查看细节。车门的布艺或真皮材质经过泡水后,是很难修复的,只有通过后期重新包裹才能弥补(图3-2),这也是很多商家喜欢使用的方法,不容易看出来,而且费用并不高。

图3-2　重新包裹车门饰板

3. 检查室内铁件鉴别泡水车

室内铁件泡水后就容易生锈,特别是座椅底部支架(图3-3)、导轨(图3-4)、底座(图3-5)和转向柱(图3-6)等。

第三章 教你鉴定泡水车

座椅底部支架，如果不是被水浸泡过，不会出现如此严重的锈蚀情况

图 3-3
泡水后生锈的座椅底部支架

图 3-4
泡水后生锈的座椅导轨

图 3-5
泡水后生锈的座椅底座

图 3-6
泡水后生锈的离合器支架、转向柱

4. 检查车内地毯鉴别泡水车

①检查地毯的手感。车内植绒地毯也是一个重要的观察点。可以通过用手触摸的方式进行判断，主要留意地毯的毛是否柔顺、有无被刷子刷过后起球的情况。正常的地毯，应该手感比较柔软、细腻，而经过水洗后，摸上去手感会发硬、发涩（图3-7）。

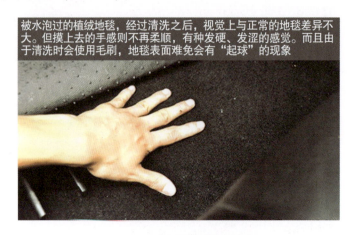

图3-7　检查地毯手感示意图

②检查地毯是否残留有泥沙（图3-8）。

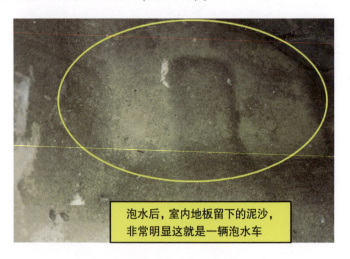

图3-8　检查地毯是否残留有泥沙示意图

③检查地毯是否发霉（图3-9、图3-10）。

第三章　教你鉴定泡水车

泡水后的地毯已经霉烂，地板上留下霉斑，并有霉味

图3-9　检查地毯是否发霉示意图（1）

泡水后为了掩盖痕迹，加盖了地毯，割开地毯后就发现发霉痕迹，明显这也是一辆泡水车

图3-10　检查地毯是否发霉示意图（2）

④在检查地毯的同时顺便检查门槛，这地方最容易藏沙（图3-11）。

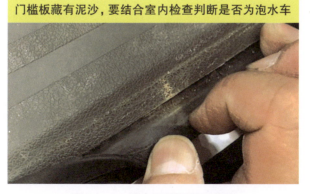

门槛板藏有泥沙，要结合室内检查判断是否为泡水车

图3-11　检查门槛板是否藏沙

103

5. 检查安全带鉴别泡水车

安全带在泡水车清洗时是一个比较容易忽略的地方，经过污水浸泡后的安全带，上面会留有较明显的水迹，而且不容易被清除，会产生霉斑（图3-12），清洗后仍会留下霉斑（图3-13）。可以通过观察安全带泡水痕迹，来判断该车的泡水深度。

图3-12 安全带的检查示意图

图3-13 安全带的霉斑清洗后留下的痕迹

6. 检查中控台鉴定泡水车

中控台同样是检查重点（图3-14）。检查中控台最好的办法就是查看空调、音响各功能按键是否正常、手感是否有差异，泡水车按键会有发涩感（图3-15）。如果车内有液晶显示屏，可以观察下液晶屏显示是否明暗不一（图3-16）。

图3-14　检查中控台

图3-15　检查中控台各功能按键

图3-16 检查液晶显示屏

三、检查发动舱鉴别泡水车

1. 发动机舱内侧防火板的检查

发动机舱零部件排列很密集，防火板的位置在最内侧（图3-17），如果水淹，那么很容易留下痕迹，而且由于位置所限，一般都不更换。

图3-17 发动机防火板的检查

2. 发动机舱内特定区域的检查

发动机舱内，如熔丝盒、继电器盒（图3-18）、线束（图3-19）等，这些地方如果藏有泥沙一般难以清洁，除非更换新件。

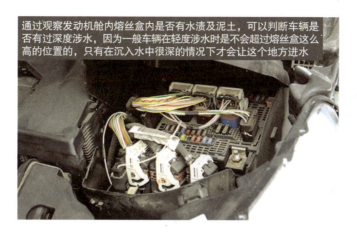

图3-18 熔丝盒、继电器盒的检查

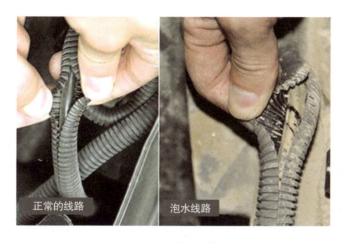

图3-19 线束的检查

3. 发动机缸体的检查

雨水,尤其是海水多少都会腐蚀金属,所以检查车内以及发动机舱便能看出车辆是否泡过水。图3-20所示的发动机,泡水之后表面会产生一层白蒙蒙的霉点,发动机舱内的螺栓也会生锈,即便是把铁锈清洗之后,螺栓上面也自然会留有一层油渍,以防生锈。

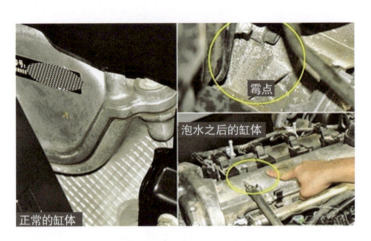

图 3-20　发动机的缸体的检查

四、检查行李箱鉴别泡水车

行李箱是泡水车检查的关键部位,如果备胎底部有水迹或者锈迹,那么就说明行李箱很可能进过水。

主要检查行李箱有无水渍(图 3-21)、残留泥沙(图 3-22),底板是否生锈(图 3-23),随车工具是否生锈(图 3-24)。如果发现有残留泥沙,并有生锈的地方,可以判定为泡水车。

图 3-21　检查行李箱有无水渍

第三章 教你鉴定泡水车

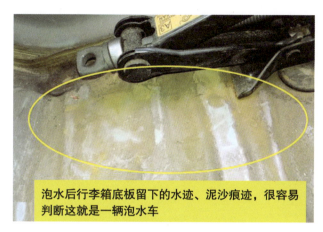

泡水后行李箱底板留下的水迹、泥沙痕迹，很容易判断这就是一辆泡水车

图3-22 检查行李箱是否有泥沙

行李箱底板已生锈，这也是一辆泡水车

图3-23 行李箱底板泡水生锈示意图

随车工具泡水后已生锈

图3-24 随车工具泡水生锈示意图

109

五、检查底盘鉴别泡水车

升起车辆检查底盘可以非常直观地查看各零件的锈蚀程度。与普通用车被水浸蚀不同，泡水车的底盘由于长时间被水淹没，锈蚀更为明显，而且类似排气管的位置会有明显的锈蚀出现（图3-25）。

图3-25 泡水车底盘的检查

总结

通常，水面超过车轮造成车内积水的情况最多，出现这种情况并不可怕，只需将车内的积水清出去即可，车内残留的水分可以通过在阳光下暴晒即可清除，短时间内车里会残存一些霉味，不过时间长了和正常车没有什么区别。在挑选时，首先要注意车内是否有霉味，然后查看地板是否潮湿、发霉，座椅底下的铁件是否生锈等情况。如果有上述情况，那么就要留心了，需要仔细检查中控台，因为这里是泡水车损伤程度的分界点。

如果积水超过中控台，属于严重泡水，这样的车辆就不要购买了。水面超过中控台的泡水车，大部分电器、内饰都已泡水，隐患很多。这种泡水车不仅座椅内的水分很难消除，而且电器元件里的水分也会长期积聚，后期用车隐患很多。一定要对中控台按键仔细检查，看各功能按键是否正常，手感是否有差异，如果车内有液晶显示屏，可以观察下液晶屏显示是否明暗不一。

【思考与练习】

简答题

1. 事故车的定义。
2. 结构性损伤的定义。
3. 汽车结构性损伤的特征有哪些?
4. 简述检查发动机舱盖修复、做漆的方法步骤。
5. 简述判断发动机舱盖更换过的方法。
6. 怎样鉴定调表车?
7. 怎样鉴定泡水车?
8. 鉴定泡水车的具体检查内容有哪些?
9. 写出4个主流汽车玻璃品牌及原产地。
10. 怎样判断汽车玻璃是否更换过?
11. 写出10个汽车轮胎品牌的中英文标识及原产地。

第四章　二手车动态技术鉴定

鉴定二手车时，路试是必不可少的环节（图4-1），通过对发动机进行起动、怠速、起步、加速、匀速、滑行、强制减速、紧急制动，以及从低档位到高档位，再从高档位到低档位等操作，检查车辆的动力性能、操控性能、制动性能、滑行性能、舒适性及排放情况等。

图4-1　二手车动态试验

一、二手车动态技术鉴定要领

① 路试时间最好为 10~15min。如在二手车市场，可选择市场以外的道路。因为路试时间长，可以反映出车辆在不同行驶状态时的性能。

② 原地起步加速行驶，猛踩加速踏板看提速是否敏感。在坡路上检查车辆提速是否有劲。如果表现不佳，则说明发动机功率不足。车辆使用时间较长、磨损严重，都会损失功率，这是不可避免的。路试时，最好检查高速行驶时，最高车速和车辆基本参数的差别，差距不应过大。

③ 手动档汽车离合器应该接合平稳，分离彻底。离合器常出现的故障是打滑和分离不彻底，这些会造成挂档困难、行驶无力、爬坡无力、变速器齿轮发出撞击声、起步抖动等。

④ 宽敞路面上，以 15km/h 速度行驶，转向盘向左、右转动，看是否灵活，能否自动回正。放开转向盘不应跑偏。

⑤ 以 20km/h 车速行驶，急踩制动踏板然后松开，不应出现跑偏迹象。50km/h 车速时紧急制动，车辆应能立即减速，不应有跑偏迹象。同时检查驻车制动器。

⑥ 以 30km/h 速度行驶，挂空档后，检查滑行距离，一般轿车不应少于 150m。

⑦ 以 40km/h 速度行驶，突然松开加速踏板，接着猛踩加速踏板，看主减速器是否发出较大的声响。

⑧ 以 50km/h 速度行驶，挂空档滑行，根据滑行距离估计车辆的传动效率。不应有明显的阻滞情况。

⑨ 检查减振系统时，应特意把车辆开到不平整路面或多弯的路面，如果有强烈的颠簸感觉，甚至发出沉闷的响声，都说明减振系统有问题。

⑩ 半轴球笼的检查。使用一定年限的车辆球笼会磨损。在过弯时注意听底盘有无异响。

⑪ 下摆臂、平衡杆胶套的检查。把车开到有减速带的地方，过减速带时注意倾听底盘的上下冲击声音，如果有特别硬的冲击声，有可能是下摆臂、平衡杆胶套磨损、破裂引起的。一般合资品牌的轿车 6 年以上就会出现下摆臂破裂的故障。

二、试车前机油的检查

1. 检查加油口盖

拧下加油口盖，翻过来观察底部，这样可以看到旧油甚至脏油的痕迹（图 4-2）。具体检查方法在前面章节已阐述，此处不再重复。

2. 检查机油量

拔出机油尺，检查油面高度，油面高度应该在"满"或"FULL"的位置（图 4-3）。

图4-2 检查加油口盖

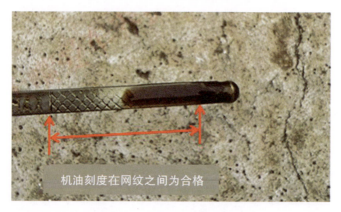

机油刻度在网纹之间为合格

图4-3 检查机油刻度示意图

如果油液面过低,会因润滑不良而损坏发动机。观察汽车底部的地面是否有渗漏的机油。如果有条件可以检测气缸压力,看气缸是否泄漏而对发动机部件造成损坏。

3. 通过尾气检查

假如尾气冒蓝烟(图4-4),表明气门油封失效,机油进入气缸燃烧室;还可能是活塞环与气缸壁间隙过大或活塞环断裂等故障;或是由于发动机各密封件老化及损坏,造成机油泄漏。

4. 机油颜色

可以拿出一张纸巾,拔出机油尺在纸上擦拭,观察机油颜色和杂质的情况(图4-5)。合格的机油一般为均匀透明的黏稠液体。

图 4-4　尾气检查示意图

图 4-5　检查机油颜色示意图

黏度高的机油颜色略深，多级油在常温下感觉比单级油黏度小。若油品发黑、浑浊，则可视为劣质机油。若油品搅动后，出现大量气泡且 15min 内不能消失，则视为失效机油。

机油在使用过程中会氧化变质，加上零件磨损生成的金属磨粒、空气中杂质和燃油不完全燃烧的生成物进入机油，导致其颜色加深，这是正常现象。由于润滑系统中有积炭和油泥，车辆行驶 1000~2000km 后油品变黑，也属于正常现象。如果出现其他颜色，都是不正常的现象。

如果发现机油的颜色变灰、变白或有乳化现象，说明机油中混进水。机油中进水会造成机油乳化，导致润滑不良，油泥生成量增加，也会引起发动机腐蚀，严重时会造成烧瓦事故。如果发生此现象，则重点检查一下车辆，可能是以下三种情况引起的。

① 发动机内部渗漏，造成发动机冷却液混入机油中。

② 发动机曲轴密封性不好，导致进水。

③ 发动机温度低，尾气中的水分进入机油，得不到及时蒸发，在机油中沉积。

三、起动车辆时灯光和仪表的检查

1. 仪表的检查

把点火开关打到 ON 的位置，不起动发动机，仪表上所有的警告灯都应该亮起（图 4-6），有些警告灯亮起一两秒就熄灭，这表明系统自检完成，属正常现象。发动机起动后除驻车制动灯（没松驻车制动手柄）、安全带警告灯（没系安全带）外其余所有警告灯都应熄灭，行驶过程中所有警告灯都应熄灭。如果电控系统有问题，故障警告灯亮起，胎压不正常，则胎压警告灯亮起（图 4-7）。如有不正常情况，红色警告灯表示需要及时排查，黄色警告灯表示需要引起注意。车辆起动之后，绕车看一下灯光，如转向指示灯、制动灯、前照灯，看工作是否正常。

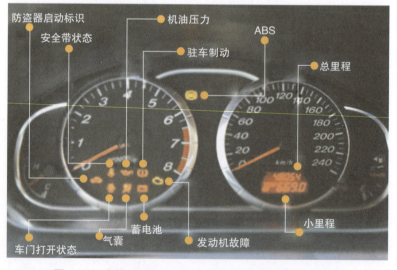

图 4-6 点火开关处于 ON 位置时仪表所有警告灯亮起

第四章　二手车动态技术鉴定

动态试车前检查仪表

图4-7　胎压警告灯亮起

2. 灯光的检查

白天检查车灯的方法如图4-8所示。

图4-8　灯光的检查示意图

（1）前照灯灯光一侧亮一侧暗

接通前照灯后，假如只有一侧前照灯较亮，而另一侧灯光暗淡，很可能是暗淡一侧的前照灯的灯头接触不良或锈蚀，使接触电阻增大，或者前照灯的反射镜发生了氧化或积有灰尘。

117

(2) 前照灯出现雾气

有两种可能：一是进水。一般情况下，是原车密封不良。二是温差或高湿度潮气造成。

(3) 前照灯根本不亮

假如喇叭能响，除前照灯外其他车灯都能正常发亮，说明的确存在故障，可能是前照灯电路短路、接线柱松脱、灯丝脱落等原因造成的。

(4) 前照灯远光和近光只有一种

假如前照灯只有远光而无近光，或只有近光而无远光，说明故障可能是前照灯双丝灯泡中某灯丝已被烧断，远、近光电路中存在有短路故障，变光开关损坏等。

四、听发动机噪声分辨二手车车况

发动机好比人的心脏，购买一辆理想的二手车，发动机绝对是检查重点。对于发动机的检查，一般可以通过听声音来判定其状况如何。

分析发动机噪声原因比较复杂。噪声的来源有些是因为内部零部件正常磨损造成的，有些则是人为疏忽造成的，如曾经漏完过机油、冷却液或超过保养里程数限定数倍仍未保养等。如遇到此类车辆，购买之后解决办法只能是更换部分零部件。

鉴于现在中高档车的隔声效果不错，在嘈杂的环境中，不容易听出所以然来，建议将车开到市场比较安静的地方去"倾听"。

在发动机起动过程中，起动机不应出现尖啸声，发动机怠速"突突"声应均匀平稳，无异常响声。

轻踩加速踏板，让发动机转速缓缓提高，过程中应无杂声；发动机转速超过最高功率点转速后，声音一般都比较明显，但如果出现金属摩擦声，就可能有异常情况。当快速踩下加速踏板后，发动机动力提升的声音应顺畅无阻。

以上情况都正常的话，再将车辆在复杂路况下行驶5~10min，停稳后怠速仍应稳定在原怠速，声音也应与之前相同。

听发动机声音判断车况

五、动态检查之怠速和制动的检查

发动机起动后,在怠速运转时,可以到车头进行检查。在车头听听发动机有没有运转杂声,如有说明机件磨损过大,再看发动机运转是否平稳,发动机越静、越稳越好。

在没有起步前试踩一下制动踏板,如果很软或一脚踩到底,说明制动效果很差,不能上路行驶,否则容易出安全事故。

六、试驾二手车之变速器检查

购买二手车对其变速器进行检查是很重要的。对变速器的检查是通过挂档、换档、听声音、检查泄漏情况来判断故障的。如果故障严重将极大影响价格。在路试中对变速器的检查尤其重要。

1. 手动变速器的路试检查

(1) 检查所有前进档及倒车档

如果每次挂档都磨齿轮,则可能是离合器的液压系统或变速器本身有故障。

(2) 检查是否能正常入档

如果发现不能正常挂档或有齿轮撞击声,又或是挂上后很难推回空档等,说明变速器换档困难。在熄火后可用手握住变速杆,如果很松垮能任意摆动,可能是定位失效造成的。如果不松垮但换档困难,很可能是同步器故障造成换档冲击。出现这类故障后需进厂修理。

(3) 检查有无跳回空档

如果在行驶中变速杆跳回空档,可能是齿轮和齿套磨损严重,致使轴承松垮或轴向间隙过大,需要专业人员查看齿轮啮合状况。如果发现变速器漏油,则有可能是密封垫密封不良或变速器输出轴油封损坏。润滑油过多或通气孔不畅也会引起漏油。

(4) 检查是否有异响

如果发动机在怠速状态下且变速器处于空档位置时有异响,可能是曲轴和变速器第一轴的同轴度有偏差,在踏下离合器踏板时可消失。如果在入档后有异响，可能是相互啮合齿轮工作时撞击造成的，说明变速器壳体有损伤，或者是部分齿轮有损伤引起啮合过程中的撞击。

2. 自动变速器路试检查

自动变速器路试主要检查升降档、升档车速、发动机转速、换档质量（图4-9）。

图4-9 自动变速器路试检查

（1）静态体验

① 怠速体验。起动发动机，观察冷却液温度表，看发动机是否处于最佳的工作温度，如果冷却液温度偏低，则缓慢行驶1~2km后即可。这时停车但不熄火，变速杆在D位并踩住制动踏板感受车身的抖动情况，之后挂入N位比较两种情况下车辆抖动的情况，反复进行两次到三次。

这种方法适用于液力自动变速器（AT）以及无级变速器（CVT），表现好的变速器即使在D位靠制动保持车辆静止的时候车身也不会有明显的抖动，和N位怠速时不会有本质区别。倘若D位怠速时车辆抖动很明显，说明这款车的自动变速器状况不好。

② 原地换档体验。对于机械档式变速杆来说即使是直排式的档位，在挂入不同档位的时候也会有很明显的阶梯感，每个档位都应该有很明显的位置，反馈在手上的感觉是很清晰但并不生涩。尤其要注意挂入P位的时候，很多做工不良的车会显得特别生涩。具有手动模式的变速器也可以将变速杆挂入

手动模式前后推动感受。

(2) 动态体验

①中低速行驶急加速。在车速约为40km/h时猛踩加速踏板，这时候可以大致判断出这台变速器的相应转速，注意观察从加速踏板踩到底直至变速器降档所需要的时间是不是特别长。普通的家用车虽然不会十分敏捷，但也不会迟钝很久，否则就是变速器的匹配不好，这也取决于每个人的接受程度。

②中高速行驶减速。在车速约为60km/时（条件允许可以更高）以中等力度踩下制动踏板让车辆逐渐减速，好的自动变速器在车辆减速降档过程中应该很平顺，几乎感觉不到变速器在工作，如果有明显的降档顿锉感说明变速器并不是很好。

③从0起步缓缓加速。这和前面提到的减速是一个道理，在平稳加速的时候一台好的自动变速器同样不会让驾驶人感到它的存在。

④低速蠕行。刻意放慢车速，约为20km/h，或者找个堵车的路段，这对于采用了双离合自动变速器的车型尤为重要。在低速蠕行时匹配不好的双离合自动变速器在1/2档之间会出现很明显的闯档、抖动现象。

七、试驾时起步是否跑偏的检查

车辆起步上路，以20~30km/h的速度直行时，手暂时离开转向盘，看汽车是否存在跑偏的现象（图4-10）。

图4-10　测试车辆是否存在跑偏的现象

做一次紧急制动,检查制动是否可靠;再以50km/h的速度行驶,迅速将制动踏板踩到底,看车辆是否立即减速停车,检查有无制动跑偏、甩尾的情况(图4-11)。

动态试车

图4-11 紧急制动检查是否跑偏

如果车辆有跑偏的现象,有可能是因为车架变形、悬架系统损坏变形、前轴变形或者转向节松旷等。

第五章　教你评估二手车价格

第一节　使用现行市价法评估二手车价格

现行市价是指车辆在公平市场上的销售价值。所谓公平市场是指充分竞争的市场，买卖双方没有垄断和强制，双方的交易行为都是自愿的，都有足够的时间与能力了解市场行情。

1. 定义及影响因素

（1）定义

现行市价法又称市场法或市场价值比较法，是以市场最近售出类似车辆为参照车，参照车可以是一个或几个车辆，将被评估车辆与参照车的构造、功能、性能、行驶里程、使用年限、新旧程度及交易价值等进行比较，找出两者的差别及其在价值上所反映的差额，经过适当调整，最终计算出被评估车辆的价值。

（2）特点

用现行市价法评估二手车包含了被评估二手车的各种贬值因素，如有形损耗的贬值、功能性贬值和经济性贬值。因为市场价值是综合反映车辆的各种因素的体现，由于车辆的有形损耗及功能陈旧而造成的贬值，自然会在市场价值中有所体现，因而现行市价法是二手车评估中最直接、最简单且最具有说服力的评估方法。它具有以下优点：

① 能反映目前二手车市场活跃情况，其评估的参数、指标等可直接从市场获得，评估值能反映二手车市场现实价值。

② 评估值容易被买卖双方理解和接受。

（3）影响因素

① 二手车交易市场是否活跃，直接影响现行市价评估法的准确性。我国很多地方二手车市场建立时间短、不完善，有些评估车未在交易市场上出现过，这样用市价法评估没有可比性。

② 评估车辆是否畅销。因为对畅销车型评估时，参照车容易寻找，且参照车的一些数据充分可靠。

③ 由于使用条件、维护水平的不同，而带来车辆技术状况的不同，这样可能造成二手车评估价值差异。

④ 评估人员的从业经验和对车辆技术状况的鉴定能力，也将影响评估的公平、公正性。

2. 适用范围

现行市价标准适用的前提条件有：一是需要存在一个充分发育、活跃、公平的二手车交易市场；二是与被评估车辆相同或类似的车辆在市场上有一定的交易量，能够形成市场行情。

3. 评估方法及计算公式

在实际评估中，现行市价法又分为直接市价法和类比调整市价法。直接市价法是指在市场上能找到与被评估车完全相同的参照车辆的现行市价，并参照车辆的价值直接作为被评估车的评估价值。类比调整市价法是指评估二手车时，在公开市场上找不到与被评估车辆完全相同的参照车辆，只能找到与之相似的车辆作为参照车辆，再根据车辆技术状况和交易条件等数据对参照车辆的价值做出相应调整，综合比较来确定被评估车的评估价值。

（1）直接市价法

当被评估车与参照车辆完全相同时，被评估车的评估价值计算公式为

$$P_1 = P_2$$

式中　P_1——被评估车的评估价值（元）；

P_2——参照车辆的交易价值（元）。

说明：

① 参照车辆一般为畅销车型，如骐达、高尔夫、福克斯、天籁、迈腾、凯美

瑞、途观、CRV 和 RAV4 等，市场保有量大，交易比较频繁。

② 当被评估车与参照车辆相近，即车辆类别相同、主参数相同、结构性能相同，只是生产序号不同，只做局部改动，交易时间相近时，可用同样的计算方法。

（2）类比调整市价法

1）影响因素。类比调整市价法对参照车辆的条件要求不太严，只要求参照车辆与被评估车大体相同即可。主要是对被评估二手车和参照车辆之间的差异进行分析、比较，并进行适当的量化，然后调整为可比的因素。主要差异一般体现在以下几点：

① 结构性能的差异。车辆结构配置会对车辆的成交单价产生影响。比如，同类型的手动变速器车和自动变速器车，由于结构配置不同，则成交价值也不同。

② 销售时间的差异。在选择参照物时，应尽可能地选择在接近评估基准日成交的案例，以免去由于销售时间的不同而引起的价值差异。若参照车的交易时间在评估基准日之前时，可采用价值指数法进行调整。

③ 新旧程度的差异。在评估过程中，往往被评估车辆与参照车在新旧程度上不能完全一致，这时评估人员应对参照车和被评估车辆的新旧程度进行量化，即先算出参照车和被评估车辆成新率，然后再计算出两种车的新旧差异量，公式如下：

差异量 = 参照物价值 × (被评估车辆成新率 − 参照物成新率)

④ 销售数量的差异。销售数量大小会对车辆的成交单价产生影响。当被评估车辆是成批交易时，其参照车辆不应是单车，也应以成批车交易作为参照车；当被评估车辆是单车交易时，其参照车辆不应是成批交易车，也应以单车交易作为参照车；若没有对应的参照车，评估人员应进行差异分析并适当调整，才能准确评估二手车价值。

⑤ 付款方式的差异。对付款方式差异的调整，被评估车辆通常是以一次性付款方式为假定前提，若参照车辆采用分期付款方式，则可按当期银行利率将各期分期付款额折现累加，即可得到分期付款总额。

2）计算公式。将以上各种差异进行调整并量化，以适当的方式加以汇总，来确定被评估车的评估价值。

$$P_1 = P_2 \pm \sum K$$

式中 P_1——被评估车的评估价值（元）；

P_2——参照车辆的交易价值（元）；

$\sum K$——各种差异调整量化值（元）。

第二节 使用重置成本法评估二手车价格

重置成本是指在现时条件下，按功能重置车辆并使其处于在用状态所耗费的成本。重置成本的构成与历史成本一样，都是反映车辆在购置、运输、注册登记等过程中所支出的全部费用，但重置成本是按现有技术条件和价值水平计算的。

一、重置成本的定义及影响因素

1. 定义

重置成本法是指在现时市场条件下，重新购置一辆全新状态的被评估车辆所需的全部成本（重置全价）与被评估车辆的各种贬值总和的差额。车辆的贬值一般体现在实体性贬值、功能性贬值及经济性贬值上。

2. 特点

用重置成本法评估车辆时，充分地考虑了车辆的各方面损耗，反映了车辆市场价值的变化，对交易双方来讲都公平合理；确定成新率时，能综合考虑车辆的技术车况和配置以及车辆使用情况，评估过程有理有据，交易双方对评估结果的信任度较高。但是，评估工作量较大，确定成新率时主观因素影响较大，且对极少数的进口车辆，不易查询到现时市场报价，因此很难确定车辆的重置成本。

3. 影响因素

①市场价值的影响。

② 车辆有形耗损的影响。
③ 车辆无形耗损的影响。
④ 外界因素对车辆的影响。

二、适用范围

重置成本法适用的前提是车辆处于在用状态,它一方面反映车辆已经投入使用,另一方面反映车辆能够继续使用,对所有者具有使用价值。重置成本法既充分考虑了被评估二手车的重置全价,又考虑了二手车已使用年限内的磨损以及功能性、经济性贬值,因而被广泛采用,尤其在中高级车辆评估中应用比较广泛。

三、评估方法及计算公式

1. 计算方法

应用重置成本法评估二手车价值的计算公式有以下两种。

(1) 公式一

$$P = P' - A_1 - A_2 - A_3$$

式中　P——评估值(元);

　　　P'——被评估车的重置成本(元);

　　　A_1——实体性贬值(元);

　　　A_2——功能性贬值(元);

　　　A_3——经济性贬值(元)。

说明:它综合考虑了二手车的现行市场价值和各种影响二手车价值量变化(贬值)的因素,最让人信服和易于接受。但造成这些贬值的影响因素较多,且有一定的不确定性,所以准确地确定二手车的贬值是不容易的。

(2) 公式二

$$P = P'\beta$$

式中　P——评估值(元);

　　　P'——被评估车的重置成本(元);

　　　β——被评估车的成新率。

说明：它是基于成新率的评估法，这种方法能综合考虑各种贬值对二手车价值的影响，是一种定性和定量相结合的评估方法，比较符合国人评判二手物品的思维模式，是目前市场上应用最广，也是一种较科学的评估方法。

2. 被评估车重置成本确定

重置成本的估算在资产评估中，其估算的方法很多，一般可采用重置核算法、物价指数法、功能价值法和规模经济效益指数法，二手车评估重置成本一般可采用直接法、物价指数法。

（1）直接法

直接法也称重置核算法，它是按待评估车辆的成本构成，以现行市场状态下重新购买与被评估车辆完全相同或相类似，并且处于全新状态的车辆所需的购车成本价值，加上一次性应该交纳的税和费之和。

国产二手车重置成本由购置全新车辆的市场成交价和车辆购置价值以外的国家及地方政府一次性缴纳的税费总和组成。如汽车的购置附加税、注册税（牌照费）等，其性质是一次性缴纳的税费在规定使用年限内均可享受。但重置成本构成不应包括车辆拥有阶段和使用阶段的税和费，如汽车拥有阶段的年审费、车船使用税、消费税，汽车使用阶段的保险费、燃油税、路桥费等。重置成本的计算公式为

$$P' = P_M + P_t$$

式中　P'——重置成本（元）；

　　　P_M——全新车辆市场成交价（元）；

　　　P_t——国家和地方政府一次性应该缴纳的税费总和（元）。

以直接法取得的重置成本，无论国产或进口车辆，尽可能采用国内现行市场价作为车辆评估的重置成本全价。市场价可通过市场信息资料（如报纸、专业杂志和专业价值资料汇编等）和车辆制造商、经销商询价取得。

进口二手车重置成本计算，应根据海关税则和收费标准，进行轿车的重置成本计算（即现行价值）。报关价（到岸价）即 CIF 价值，它与离岸价（FOB）的关系是，CIF 价值 = FOB 价值 + 途中保险费 + 国外运杂费。由于这部分费用是以外汇支付的，在计算时，需要将报关价值换算成人民币，外汇

汇率采用评估基准日的外汇汇率进行计算。进口二手车重置成本税费由关税、消费税、增值税、通关费用、商检费用、运输费用、银行费用、选装件价值、经销商费用及其他费用等构成。

$$关税 = 报关价 \times 关税税率$$
$$消费税 = (报关价 + 关税)/(1 - 消费税税率) \times 消费税税率$$
$$增值税 = (报关价 + 关税 + 消费税) \times 增值税税率$$

如一辆报关价为 10 万元的进口轿车，其关税（以 43.8% 计）为 4.38 万元，消费税（以 5% 计）为 0.75 万元，增值税为 2.57 万元，税后价值为 17.7 万元；加上海关费用、商检费、运输费及经销商利润，市场价值约为 21 万元。

一般而言，车辆重置成本大多是依靠市场调查搜集而来的。并不需要进行十分复杂的计算。但是对于市场上尚未出现的新车型（特别是进口新车型）或淘汰车型，由于其价值信息有时不容易获得，这时则需要按照其重置成本的构成进行估算。

(2) 物价指数法（车价指数法）

车价指数法即车辆价值波动指数。被评估车辆停止生产或是进口车辆，当查询不到现时市场价值时采用车价指数法，其计算公式为

$$P' = P_M + \lambda$$

式中　P'——重置成本（元）；

　　　P_M——车辆购买原始成本（元）；

　　　λ——车辆价值变动指数（元）。

车辆价值变动指数是通过掌握的汽车历年的价值指数，找出车辆价值变动趋势和速度的指标。车辆价值变动指数的取得是选择与被评估车辆已使用年限相适应，近期五年内市场占有率为前三名的品牌车型，分别以现时购买车价与原始购买车价之比的算术平均值作为车辆价值变动指数。车辆价值变动指数要尽可能选用有法律依据的国家统计部门或物价管理部门以及政府机关发布和提供的数据。也可以取自中国汽车流通协会定期发布或有权威性的国家政策部门所辖单位的数据，不能选用无依据不明来源的数据。

实际工作中，一般根据鉴定估价的经济行为确定重置成本的全价，具体

有以下两种处理方法：

①对于以所有权转让为目的的二手车交易经济行为，按评估基准日被评估车辆所在地收集的现行市场成交价值作为被评估车辆的重置成本全价，其他费用略去不计。

②对企业产权变动的经济行为（如企业合资、合作和联营，企业分设、合并和兼并，企业清算，企业租赁等），其重置成本全价除了考虑被评估车辆的现行市场购置价值以外，还应将国家和地方政府规定对车辆加收的其他一次性缴纳税费一并计入重置成本全价中。

3. 二手车成新率的确定

二手车成新率的确定方法有使用年限法、行驶里程法、部件鉴定法、整车观测法及综合分析法等，不同的计算方法，其特点和使用范围也不同。

① 使用年限法。用使用年限法确定二手车的成新率，计算公式为

$$\beta = \left(1 - \frac{N_1}{N_0}\right) \times 100\%$$

式中　β——二手车的成新率（%）；

N_1——二手车实际已使用年限（年或月）；

N_0——车辆规定的使用年限（年或月）。

用使用年限法确定的二手车成新率，仅仅反映了汽车的时间损耗及时间折旧率，与使用情况（包括管理水平、使用水平和维护保养水平）、使用强度无关，但计算方便。车辆规定使用年限是指《汽车报废标准》中对被评估车辆规定的使用年限，是指机动车的合理使用寿命。各类汽车规定使用年限见表5-1。

表5-1　各类汽车规定使用年限

车辆类型与用途			使用年限/年
载客汽车	营运	出租客运	小、微型	8
			中型	10
			大型	12
		租赁		15
		教练	小型	10
			中型	12
			大型	15

(续)

车辆类型与用途			使用年限/年
载客汽车	营运	公交客运		13
		其他	小、微型	10
			中型	15
			大型	15
		专用校车		15
	非营运	小、微型客车，大型轿车，轮式专用机械		无
		中型客车		20
		大型客车		20

提示：若某些车辆使用年限有变动，以车管所公布为准。

已使用年限是指二手车在正常使用强度条件下，开始使用到评估基准日所经历的时间。所以说，使用年限法计算的成新率实际上反映的是车辆的时间损耗及时间折旧率，与车辆的日常使用强度和车况无关。但是，对于日常使用强度较大的车辆，在统计已使用年限指标时，应适当乘以一定的系数。例如，对于某些以双班制运行的车辆，其实际使用时间为正常使用时间的两倍，即该车辆的已使用年限，应是车辆从开始使用到评估基准日所经历时间的2倍。

② 行驶里程法。用行驶里程法确定二手车的成新率，是指用被评估车的尚可行驶里程与规定行驶里程的比值来确定二手车成新率的一种方法，其计算公式为

$$\beta = \left(1 - \frac{S_1}{S_0}\right) \times 100\%$$

式中　β——二手车的成新率（%）；

　　　S_1——二手车累计行驶里程（万 km）；

　　　S_0——车辆规定的行驶里程（万 km）。

用行驶里程法确定的成新率，仅仅反映了二手车使用强度及使用过程中实际的物理损耗，考虑了二手车使用强度对其成新率的影响。总的行驶里程越大，车辆的实际有形损耗也越大。但对于篡改里程表等因素影响没有考虑，近年来卖车调表已经是大家皆知的事情，当前评估中行驶里程法确定的成新

率仅仅是参考。

二手车累计行驶里程是指被评估二手车从开始使用到评估基准时点所行驶的总里程。车辆规定的行驶里程是指《汽车报废标准》中规定的该车型的行驶里程。各类汽车规定行驶里程见表5-2。

表5-2 各类汽车规定行驶里程

车辆类型与用途				行驶里程参考值/万km
载客汽车	营运	出租客运	小、微型	60
			中型	50
			大型	60
		租赁		60
		教练	小型	50
			中型	50
			大型	60
		公交客运		40
		其他	小、微型	60
			中型	50
			大型	80
	非营运	专用校车		40
		小、微型客车,大型轿车		60
		中型客车		50
		大型客车		60

③ 部件鉴定法。用部件鉴定法确定二手车的成新率,是指评估人员根据二手车各总成、部分的技术状况估算出其成新率,再参照表5-3各个部分价值权重值,来确定成新率的一种方法。其计算公式为

$$\beta = \sum_{i=1}^{n} \alpha_i \rho_i$$

式中 β——二手车的成新率(%);

α_i——第i项部件的成新率(%),由评估人员鉴定评估;

ρ_i——第i项部件的价值权重。

表 5-3 汽车各主要总成、部件的价值权重值

序号	部件名称	价值权重值		
		轿车	客车	货车
1	发动机及离合器总成	0.26	0.27	0.25
2	变速器及万向传动装置	0.11	0.10	0.15
3	前桥、前悬架及转向系统总成	0.10	0.10	0.15
4	后桥及后悬架总成	0.08	0.11	0.15
5	制动系统	0.06	0.06	0.05
6	车架	0.02	0.06	0.06
7	车身	0.26	0.20	0.09
8	汽车电器	0.07	0.06	0.05
9	轮胎	0.04	0.04	0.05
	合计	1.0	1.0	1.0

提示：此表仅供评估人员参考使用。在实际评估时，评估人员应根据被评估车辆各部分价值量占整车价值的比重，调整各部分的权重值。

用部件鉴定法计算加权来确定成新率，既考虑了二手车实体性损耗，也考虑了二手车维修或换件等追加投资使车辆价值发生的变化。所以，这种方法虽然比较费时费力，但评估值更接近客观实际，可信度高。这种方法一般用于价值较高的二手车评估。

④ 整车观测法。整车观测法是指评估人员采用人工观察的方法，或借助简单的仪器检测，判定被评估车的技术等级，来确定成新率的一种方法。

整车观测法观察和检测的技术指标主要包括二手车的现时技术状态、使用时间及行驶里程、主要故障经历及大修情况、整车外观和完整性等。二手车车况等级及成新率可参考表 5-4。用整车观测法确定成新率是否客观、实际，还取决于评估人员的专业水准和评估经验。这种方法简单易行，但评估准确性较差，一般用于初步估算中、低档二手车的价值，或作为综合分析法的辅助手段。

表5-4 二手车车况等级及成新率

车况等级	新旧情况	技术状况描述	成新率（%）
1	使用不久，行驶里程在3万~5万km	使用状况良好，能按设计要求正常使用	90~100
2	使用1~3年，行驶里程15万km左右	一般没有经过大修，在用状况良好，故障率低，可随时出车使用	65~89
3	使用4~5年，发动机或整车经过一次大修	大修过的总成性能良好，在用状况良好；外观出现过中度损伤，但修复较好	40~64
4	使用5~8年，发动机或整车经过二次大修	车辆的动力性、经济性、工作可靠性都有所下降，车身漆出现脱落受损、金属件出现锈蚀，故障率较高，维修费用明显上升，但车辆仍符合《机动车安全技术条件》规定，其使用状况一般或较差	15~39
5	基本达到或到达使用年限，待报废处理	车辆不能正常使用，动力性、经济性、可靠性大大降低，燃料费、维修费等明显增高，且排放和噪声污染已达到极限	0~14

提示：表中所示数据都是经验数据，只能供评估人员参考，不能作为唯一标准。

⑤ 综合分析法。综合分析法是以使用年限法为基础，综合考虑二手车的实际技术状况、维护保养情况及使用条件等多种因素的影响，来确定成新率的一种方法。

影响二手车成新率的主要因素有二手车技术状况、二手车维护保养、二手车原始制造质量、二手车的用途及二手车的使用条件五个方面，其综合调整系数 $\sum\rho$ 的确定可参考表5-5。其计算公式为

$$\beta = \beta_N \sum\rho$$

式中 β——二手车的成新率（%）；

β_N——使用年限成新率（%）；

$\sum\rho$——综合调整系数。

$$\sum\rho = \rho_1 \times 30\% + \rho_2 \times 25\% + \rho_3 \times 20\% + \rho_4 \times 15\% + \rho_5 \times 10\%$$

表5-5　二手车综合调整系数参考数值

序号	影响因素		调整系数		系数权重（%）
1	技术状况	ρ_1	良好	1.0	30
			较好	0.9	
			一般	0.8	
			较差	0.7	
			很差	0.6	
2	维护保养	ρ_2	良好	1.0	25
			较好	0.9	
			一般	0.8	
			较差	0.7	
3	制造质量	ρ_3	进口车	1.0	20
			国产名牌车（或走私罚没车）	0.9	
			国产普通车	0.8	
4	车辆用途	ρ_4	私用	1.0	15
			公务、商务	0.9	
			营运	0.7	
5	使用条件	ρ_5	良好	1.0	10
			一般	0.9	
			较差	0.8	

提示：表中因素分级和调整系数只作为参考，应根据实际情况进行适当的调整，但各因素的调整系数取值不得超过1，综合调整系数计算结果也不能超过1。

综合分析法较为详细地考虑了影响二手车价值的各种因素，并用一个综合调整系数指标来调整二手车成新率，评估值准确度较高，因而适用于具有中等价值的二手车评估。

GB/T 30323—2013《二手车鉴定评估技术规范》中规定，评估车辆价值时，通常选用现行市价法。评估价值为相同车型、配置和相同技术状况鉴定检测分值的车辆近期的交易价值；在无参照物、无法使用现行市价法的情况下，选用重置成本法。可从本区域本月内的交易记录中调取相同车型、相近分值，或从相邻区域的成交记录中调取相同车型、相近分值的成交价值，并结合车辆技术状况鉴定分值加以修正。车辆评估价值＝更新重置成本×综合成新率。而综合成新率由技术鉴定成新率与年限成新率组成，即

$$综合成新率 = 年限成新率 \times \alpha + 技术鉴定成新率 \times \beta$$

式中，年限成新率＝预计车辆剩余使用年限/车辆使用年限（乘用车使用年限15年，超过15年的按实际年限计算；有年限规定的车辆、营运车辆按实际要求计算）；技术鉴定成新率＝车辆技术状况分值/100；α、β分别为技术鉴定成新率与年限成新率系数，由评估人员根据市场行情等因素确定，且$\alpha + \beta = 1$。

四、应用重置成本法的四个前提条件

① 购买者对拟行交易的评估对象，不改变原来用途。

② 评估对象的实体特征、内部结构及其功能效用必须与假设重置的全新资产具有可比性。

③ 评估对象必须是可以再生的，可以复制的，不能再生、复制的评估对象不能采用重置成本法。

④ 评估对象必须是随着时间的推移，具有陈旧贬值性的资产，否则就不能运用重置成本法进行评估。

五、重置成本法的评估程序

① 被评估资产一经确定即用现时（评估基准日）市价估算其重置全价。

② 确定被评估资产的已使用年限、尚可使用年限及总使用年限。

③ 应用年限折旧法或其他方法估算资产的有形损耗和功能性损耗。

④ 估算确认被评估资产的净价。

六、案例分析

1. 计算案例一

一辆私有自用迈腾轿车，2015年8月购买，购买价值为198000元，初次登记日期是2015年8月，使用2年后于2017年8月进入二手车交易市场估价

交易。经核对相关证件（照）齐全。各方面车况良好，评估基准日为 2017 年 8 月。在评估时，已知该车的现行市场销售价值为 190000 元，其他税费不计，用使用年限法评估该车价值。评估过程如下：

① 重置成本：$P' = 190000$ 元。

② 使用年限法计算该车成新率。初次登记日期是 2015 年 8 月，评估基准日为 2017 年 8 月，已使用时间为 24 个月。

$$\beta = \left(1 - \frac{N_1}{N_0}\right) \times 100\% = \left(1 - \frac{24}{180}\right) \times 100\% = 86.67\%$$

③ 评估值为

$$P = P'\beta = 190000 \text{ 元} \times 86.67\% = 164673 \text{ 元}$$

说明：新法规对小型非营运客车规定使用年限从 15 年延长到无限期使用，但对二手车价值评估没有造成巨大影响，建议用重置成本法计算二手车价值时可按老法规的 15 年计算，并按当地市场价值微调。

2. 计算案例二

李先生有一辆一汽大众速腾转让，该车于 2014 年 6 月购买，购买价值为 120000 元，初次登记日期是 2014 年 7 月，使用 3 年后于 2017 年 7 月进入二手车交易市场估价交易。经核对相关证件（照）齐全。经现场鉴定，车身外观、车况较好，保养良好，行驶路况良好，评估基准日为 2017 年 7 月。在评估时，已知该新车的现行市场销售价值为 115000 元，其他税费不计。试评估该车的现时市场价值。请使用综合分析法评估该车价值。

① 重置成本：$P' = 115000$ 元。

② 使用年限法计算成新率。该车为非营运轿车，报废年限为 15 年，即 180 个月，初次登记日期是 2014 年 7 月，评估基准日为 2017 年 7 月，已使用时间为 36 个月。

$$\beta_N = \left(1 - \frac{N_1}{N_0}\right) \times 100\% = \left(1 - \frac{36}{180}\right) \times 100\% = 80\%$$

③ 计算综合调整系数。根据题意查表 5-5，各影响因素调整系数取值为：

A. 技术状况（30%），良好，取 1.0。

B. 维护保养（25%），良好，取1.0。

C. 制造质量（20%），国产名牌，取0.9。

D. 使用性质（15%），非营运（私用），取1.0。

E. 工作条件（10%），良好，取1.0。

估算综合调整系数：

$$\sum \rho = \rho_1 \times 30\% + \rho_2 \times 25\% + \rho_3 \times 20\% + \rho_4 \times 15\% + \rho_5 \times 10\%$$
$$= 1.0 \times 30\% + 1.0 \times 25\% + 0.9 \times 20\% + 1.0 \times 15\% + 1.0 \times 10\%$$
$$= 0.98$$

④ 计算评估值：

$$P = P'\beta = 115000 \text{元} \times 80\% \times 0.98 = 90160 \text{元}$$

第三节 使用"简单粗暴"估价法评估二手车价格

一、"简单粗暴"估价法的定义

在二手车市场中，有比较"简单粗暴"的估价法则。简单地说，车况良好，没有水泡、火烧，没有发生钣金变形程度以上事故的车辆，最简单的算法，即第1年掉价20%，第2~5年每年掉价10%，第6年开始每年掉价5%左右，见表5-6。

表5-6 快速折扣率

年限	第1年	第2年	第3年	第4年	第5年	第6年	第7年	第8年	最低
成新率	8折	7折	6折	5折	4折	3.6折	3.2折	3折	1.5折

二、"简单粗暴"估价法的运用

在评估中对合资品牌的大众化车型，可以采用以上方法对车辆进行初步估算，然后结合车型的保值率、市场的畅销程度、车况等再加或减一个调整金额得出一个比较准确的评估值。

$$重置成本 = 新车指导价 - 优惠价$$
$$评估值 = 重置成本 \times 折旧率 + 调整金额 - 维修费用$$

说明： 调整金额的得出需要评估师对二手车市场充分了解，具有丰富的评估经验，不同的评估师由于经验不一样，得出的调整金额是有差异的。

三、案例分析

根据市场的规律，在实际评估中国产车3年折旧5成，美、韩、法系车约3.5年折旧5成，德、日系车5年折旧5成，以此估算出收购价，实际上零售价会比这高一些。

例如，一辆2014年10月上牌的大众1.4T双离合自动版高尔夫，2017年10月想出售，车况良好，无事故、无泡水、无调表。2017年市场同款新车成交价为15万元，用"简单粗暴"估价法可以评出该车收购价格大约为9万元。

【思考与练习】

计算题

1. 2012年2月花28万元购置一辆日产天籁轿车作为私家用车，于2017年10月在本地二手车市场交易。该车初次登记日期为2012年2月，累计行驶9.0万km，使用条件一般，维护一般，技术状况鉴定为一般，2017年同款新车价格为25万元。试用综合分析法评估该车的价格。

2. 有一辆1.6L骐达私家车，初次登记日期为2013年9月，该车新车最低包牌价为15万元。经检查该车左后侧有轻微碰撞修复痕迹，前后保险杠有喷漆痕迹，底盘中有多处严重划伤，行驶路况很不好；排气管中后段生锈，空调制冷需补充制冷剂，维护保养一般，技术状况鉴定为一般。试用综合分析法求该车2015年9月的价值。

第六章 教你销售二手车

第一节 二手车收购

开一家二手车店比较容易，只要有足够的资金、场地、人员，到工商局申领营业执照就可以营业。但问题来了，销售的产品从哪来？销售二手商品和其他产品完全不一样，没有专门的供货商，如果没有车源到时候就会无车可卖。

一、二手车商的收车渠道

① 直接到市场里来卖车的车主。有部分车主认为4S店的置换价格低，或者不是置换的品牌车型就直接开到二手车市场来卖。

② 朋友介绍，修理厂介绍，外地中介介绍。

③ 二手车商同行之间批发。在经济比较落后的地区，销售的高端品牌二手车的主要来源来自发达地区同行的批发，比如广西的很多二手车商，会到广东、浙江、四川批发高端品牌二手车，这是高端品牌二手车的一个主要来源渠道。

④ 各大交易网站。通过搜寻二手车交易网站个人发布的售车信息，邀约车主见面把车卖给二手车商。

⑤ 4S店置换车。和各大汽车4S店建立关系，4S店置换的车辆是二手车商的来源渠道之一。

二、哪些车不能收

① 已报废或者达到国家强制报废标准的车辆。

② 在抵押期间或者未经海关批准交易的海关监管车辆。

③ 人民法院、人民检察院、行政执法部门依法查封、扣押期间的车辆。

④ 通过盗窃、抢劫、诈骗等违法犯罪手段获得的车辆。

⑤ 发动机号、车辆识别号或者车架号码与车辆登记证书不相符，或者有凿改迹象的车辆。

⑥ 走私、非法拼（组）装免税或赠予的车。

⑦ 不具法定证明、凭证的车辆。

⑧ 其他国家法律、行政法规禁止经营的车辆。

第二节　二手车销售

一、二手车拍照上线集客

收购到店的二手车，经过检测、整备、清洁到销售，在网络时代更需要在线上进行信息发布。展厅展示的车辆，客户能很直观地感触到商品，而在互联网自媒体上发布信息来引流集客，很重要的一环就是如何拍一张能真实反映车辆情况的好照片，以提高商品曝光度，吸引消费者来店赏车，让消费者认可公司品牌与商品。所售的每辆二手车都是特别重要、特别好的宣传载体。

拍摄的时候选正面、后面、侧面、侧前方、侧后方、车前排座椅、车后排座椅、仪表、发动机舱等角度。通过这些方位将整个车辆很好地呈现出来。

第一张，正面照。正面照主要要展示整车标志、前脸、正面美感（图6-1）。

第二张，后面照。后面照展示车辆尾部造型、尾灯、排气管，特别是双排气管的车辆能很好地展示出来（图6-2）。

图6-1 正面照

图6-2 后面照

第三张，侧面照。侧面照主要展示车辆侧身线条，特别是流线形、运动车型（图6-3）。

图6-3 侧面照

第四张，**侧前方**45°照。侧前方45°照可展示左侧车身与轮胎信息（图6-4）。

第五张，**侧后方**45°照（图6-5）。

图6-4　侧前方45°照

图6-5　侧后方45°照

第六张，**前排座椅照**。前排座椅照展示车内转向盘、中控台、前排座椅、前排驾驶空间（图6-6）。

第七张，**仪表照**。展示仪表信息，重点是里程数透明公开（图6-7）。

第八张，**后排座椅照**。展示后排座椅，乘坐空间（图6-8）。

图6-6 前排座椅照

图6-7 仪表照

图6-8 后排座椅照

第九张，发动机舱照。展示车辆发动机舱结构、整洁度、规整度（图 6-9）。

图 6-9　发动机舱照

二、二手车门店销售

二手车的销售和新车几乎完全一样，包括客户开发（线上、线下集客）、售前准备（主要是车辆清洁、美容）、客户接待、需求分析、产品介绍、试驾车辆、协商成交、交车、售后关怀等环节。

二手车销售必须要有产品体验中心，也就是门店。客户只有体验过产品后才会出手购买。

三、二手车置换（4S店）

随着我国汽车产业的快速发展，汽车保有量越来越多，同时人们对汽车的需求也越来越多样化，汽车置换作为汽车交易的一种方式逐渐显示出满足人们需要的优越性和调节汽车流通的重要作用。

1. 汽车置换的定义

从国内正在操作的汽车置换业务来看，对汽车置换的定义有狭义和广义的区别。从狭义上来说，汽车置换就是以旧换新业务。经销商通过二手商品的收购与新商品的对等销售获取利益。目前，狭义的置换业务在世界各国都已成为流行的销售方式。而广义的汽车置换概念则是指在以旧换新业务基础上，还同时兼容二手商品整新、跟踪服务及二手商品在销售乃至折抵分期付款等项目的一系列业务组合，从而使之成为一种独立的营销方式。二手车作为替代产品，已经对新车销售构成威胁。国内各地的二手车市场虽然起步较晚，但目前的交易规模已经相当可观，狭义置换业务也得到长足的发展；广义的置换业务在国内尚处于萌芽状态，亟待各方面的关心和扶持。

2. 国内主要汽车置换商简介

过去，由于用户对车辆残值和二手车交易行情缺少了解，且缺乏规范、有公信力的专业技术评估手段，导致二手车交易障碍重重，市场发展不够规范。2004年品牌二手车的兴起，成为二手车市场的一个亮点。具有原厂质量保证的二手车认证和置换服务，为消费者提供了车辆更新和购置的新选择。继上海通用汽车率先进入二手车领域后，上海大众、一汽大众等厂家也纷纷进军二手车市场。

（1）上海通用"诚新二手车"

上海通用汽车是国内较早涉足品牌二手车领域的汽车制造商，在服务经验、规范化程度以及开展的业务等方面比较领先，其"诚新二手车"品牌已逐渐成为二手车市场的标杆。目前开展的业务主要还是新车置换，但是业务开展深度较强，认证二手车数量较多，可以在全国范围内开展整备后二手车的销售。2004年，上海通用汽车开始将中国第一个二手车品牌全面升级，由原来的"别克诚新二手车"升级为"上海通用汽车诚新二手车"。

（2）一汽大众认证二手车

相比上海通用，一汽大众进入二手车领域较晚。2004年8月28日，一汽大众认证二手车首批样板店举办了开业典礼，宣布进军二手车业务。相比前者来说，一汽大众在经验和方式等多样性方面不够理想，但也逐渐开展了拍卖等销售方式。首批样板店是一汽大众从全国347家特许经销商当中选取了13个城市的16家信誉较好的经销商，以保证能够赢得良好的口碑。

（3）上海大众特选二手车

上海大众早在2003年11月就推出了自己的二手车交易品牌——上海大众特选二手车。它在发展的形势方面和一汽大众认证二手车基本相同。上海大众是国内汽车品牌中最大保有量的拥有者，车源和用户丰富也是上海大众进行二手车交易（包括旧车置换业务）的优势。

3. 国内主要汽车置换运作模式

从国内的交易情况来看，目前进行的汽车置换有3种模式。

① 用本厂旧车置换新车（即以旧换新）。代表厂家为一汽大众，车主可将旧捷达车折价卖给一汽大众的零售店，再买一辆新宝来。

② 用本品牌旧车置换新车。代表品牌为大众，假设拥有一辆旧捷达的车主看上了帕萨特，那么他可以在任何一家大众的零售店里置换到自己喜欢的帕萨特。

③ 只要购买本厂家的新车，置换的旧车不限品牌。国外基本上采用的是这种汽车置换方式。上海通用汽车诚新二手车开展的就是这种汽车置换模式，消费者可以用各种品牌的二手车置换别克品牌的新车。

4. 汽车置换的服务程序

汽车置换包括旧车出售和新车购买两个环节。不同的汽车置换授权经销商对汽车置换流程的规定不完全一样。国内一般汽车置换程序为：

① 顾客通过电话或直接到汽车置换授权经销商处进行咨询，也可以登录汽车置换授权经销商的网站进行置换登记。

② 汽车评估定价。

③ 汽车置换授权经销商销售顾问陪同选订新车。

④ 签订旧车购销协议以及置换协议。

⑤ 置换旧车的钱款直接冲抵新车的车款，顾客补足新车差价后，办理提车手续，或由汽车置换授权经销商的销售顾问协助在指定的经销商处提取所订车辆，汽车置换授权经销商提供一条龙服务。

⑥ 顾客如需贷款购新车，则置换旧车的钱款作为新车的首付款，汽车置换授权经销商为顾客办理购车贷款手续，提供因汽车消费信贷所产生的资信管理服务，并建立个人资信数据库。

⑦ 汽车置换授权经销商办理旧车过户手续，顾客提供必要的协助和材料。

⑧ 汽车置换授权经销商为顾客提供全程后续服务。

在汽车置换中，新车可选择仍使用原车牌照，或上新牌照，购买新车需交钱款为新车价值－旧车评估价值。如果旧车贷款尚未还清，可由经销商垫付还清贷款，款项计入新车需交钱款。

第三节　二手车提档过户

一、办理二手车过户的必要性

办理二手车过户可以从法律上完成车辆所有权的转移，保障车辆来源的合法性，如避免买到走私车和盗抢车等，同时明确了买卖双方与车辆相关的责任划分，如债务纠纷、交通违法等，确保了买卖双方的合法权益。

1. 过户需要的手续

卖方：车主身份证、车辆登记证书、车辆行驶本、购车原始发票（如果之前过过户就是过户票），卖方是单位则需要组织机构代码证书原件及公章。

买方：身份证，外地人上当地牌照另需有效期内居住证。买方是单位则需要组织机构代码证书原件及公章。

双方：签订二手车买卖合同。带齐以上所有手续，到二手车过户大厅办理。

2. 收费标准

二手车过户费主要按排量、年份收取，根据轿车、越野车、客车、货车等车辆类型以及不同排量范围、载重量范围等类别的不同，采取不同的收费标准。

3. 注意事项

（1）办理二手车过户的条件

有合法来源和手续、无遗留银行质押和法院封存记录、无遗留交通违章和未处理事故记录、无遗留欠费记录、所有证件齐备。

（2）二手车过户前的准备

①开据交易：缴纳二手车交易税。

②车辆外检：将车开到过户验车处，对车辆进行检查、拓号、拆牌和照相，需缴纳10元的拓号费。领取车辆照片，贴于检查记录表上。这些办完后，可以将车停到停车场，进入过户大厅办理归档手续。

③车牌选号：取号机取号之后，拿着相关材料排队缴纳过户费。过户费各个交易市场略有不同。

④转移迁出：需要的材料包括机动车注册、转移、注销登记表/转入申请表，检查记录表，原登记证，原行驶证，原车主身份证，原车牌号，车辆照片，交易市场过户发票。

二、交易流程

将车开到市场，由二手车经营公司代理完成过户程序：评估—验车—打票。买卖双方需签订由工商部门监制的《二手车买卖合同》，合同一式三份，买卖双方各持一份，工商部门保留一份。经工商部门备案后才能办理车辆的过户或转籍手续。

等评估报告出来后，开始办理过户手续。办理好的过户凭证由买方保留，卖方最好也保留一份复印件，以备日后不时之需。

签订合同需要注意以下事项。

(1) 明确相关事项

在签订二手车过户合同时，特别要注意合同上的字眼，诸如违约责任、相关手续费用等问题，另外对于交易过程中买卖双方确定好的相关事项，需要在合同上以文字形式体现出来。这样，可以有效提防可能出现在合同里面的隐含条款和免责条款。

(2) 谨防文字游戏

初次买卖二手车的人由于对二手车交易流程以及相关的知识不是很了解，很容易进入盲区，如果签署的二手车买卖协议描述含糊不清，那么到时候出了事只能自己吃哑巴亏。

如在办理有关手续时，发现车辆有盗抢记录或扣车记录或写着"按购车款及维修费退回总款数，以实际数及单据为准"，这里对"按购车款及维修费退回总款数，以实际数及单据为准"的说明，就是一个文字游戏，极易在退款依据及退款实际数额方面让人产生误解。

三、二手车过户的基本流程

1. 基本流程

①二手车交易签订由工商部门监制的二手车买卖合同,双方各持一份,经工商部门备案,方能办理车辆变更或转籍。请注意证件是否齐全,是否与车主身份证一致。如有不符,应当由原车主提前变更。

②合同签订后开具二手车交易发票,相关费用的承担由买卖双方协商决定。

③持二手车交易发票和二手车买卖合同前往车管所办理车辆行驶、登记证的变更或转籍。特别要注意交易车辆有无违章或未处理的事故。

④持已经变更的登记证、车辆行驶证,前往购置附加费大厅办理购置费的变更或转籍。

根据税法规定,车辆、船舶发生过户、迁移的,应于发生过户、迁移之日起30天内,携带当年度的纳税凭证、"机动车行驶证""机动车登记证书"分别到迁出地和迁入地主管地税机关办理涉税事宜。而当年度未缴纳车船税(或以前年度有欠税)的,须完税后再办理相关涉税事项。

2. 外迁过户的办理

(1)办理注意事项

①买方是外地个人且车辆需落户当地的,需办理当地居住证;车辆户主是居住证的,办理过户、提档时需要原居住证(过期的补领)。

②《机动车辆登记证书》(2001年10月以前挂牌、过户的车辆无此证书,过户前需申领登记证书。丢失补领登记证书的需要车主本人到场)。

③过户车辆必须具备合法手续,分期付款购买的车在解除抵押之前,以及有经济纠纷等问题的车是不能过户的;需要先还清贷款,解除抵押。

④过户车辆必须要开到现场,而且在年审有效期内。

⑤车辆过户后,车辆的保险和购置税(小档)也需要变更。本市过户只变更保险,购置税不用变更。

⑥除带有营运证手续的蓝牌货车过户无须换车牌以外,其他小型蓝牌车

辆过户时必须更换车牌，原有车牌只有原车主才能使用，前提是此车牌必须使用满3年。

(2) 不予以过户的车辆

①凡是未上"交强险"的车辆，不能办理过户。

②未经批准擅自改装、改型及变更载货重量、乘员人数的。

③申请车主无法代理原车主办理过户手续。

④违章、肇事未处理结案的或公安机关对车辆有质疑的。

⑤未参加定期检验或检验不合格的。

⑥走私、海关监管、盗窃的汽车无法过户。

⑦人民法院通知冻结或抵押未满的。

⑧营转非到达报废年限的或在1年时间内到达报废年限的。

⑨对于迁出和迁入的二手车，未达到当地要求标准的不能过户。

也存在一些特殊原因造成正规车无法过户，如老旧车多次转手但没有过户，如今已经找不到原车主了。

(3) 异地转户手续

1）先确认本地的车管所接不接收准备购买的车型。比如有些城市不接收年限过长的车，不接收化油器车等。

2）到购买地购入二手车，通常要求对方包提档。提档时就必须提供将来要上户的新车主的身份证明，即提档时就定了这车要上户给谁。提档内容：车管所的原始档案、购置税档案、养路费转籍证明和最后一次交费凭据、车船税缴费凭据。当地交易的如果交了交易税，一定要把交易发票带回来。对方交付所有档案并核对清楚之前，记得一定要留些余款，待交割清楚后再付清。原来的保险如果还有效，要求对方过好户。有些公司的保险是可以办理转籍的，转回来交要方便得多。如果原来保险已过期，记得买个临时保险，管路上的时间就够了。

3）回来先把档案投到本地车管所进行审查，审查合格后即可开始上户过程。上户必备资料包括车辆原始档案及机动车登记证书、购置税附页（通常在购置税的档案袋里，先去本地购置税管理处拆档拿出来再重新封档）、保险单（至少有三责险）、车主身份证明。先填表进行盗抢查询，后面验车上牌就简单了。

4）上好牌后凭新的行驶证、交易发票、相关转籍资料到购置税管理处办理购置税转籍过户，到养路费征稽处办理养路费转籍过户。

5）需要提请原件的证明文件和资料要先复印：

①身份证原件，复印件四张（上牌、购置税、保险）。

②保险单原件，复印件两张（上牌、保险）。

③交易发票原件，复印三张（购置税、保险）。

④新行驶证原件，复印三张（购置税、保险）。

6）二手车过户费用。主要是二手车交易税。交易税有的地方高，有的地方低。比如安徽，要按发票上的购置价交税，费用就比较高。南宁是按交易每一辆车按50元收交易税，费用就相当低。一些地方是按交易价格计税。

（4）二手车过户具体办理

1）在车辆归属地的流程。

①原车主把所有费用结清。

②在外地做好交易手续，要有二手车交易发票，车辆登记证书上变更为购车者的名字。

③到车管所提档案，会发一个临时车牌。

④到国税局办购置税转出，会有一包封好的档案袋。

⑤到养路费缉征所办理养路费通知单。

2）在上牌地办理的流程。

①把档案带、车辆登记证、车主身份证带到车管所，先购买第三者责任险，然后填车辆转入表。

②车管所工作人员审验合格后先去选号，然后去验车。

③验车合格后去年检。

④年检完回到车管所领车牌和临时行驶证，把车牌装上照完相，把相片交给工作人员。

⑤临时行驶证快到期时，去车管所领正式行驶证、贴在玻璃上的年检标签和车辆登记证。

⑥正式行驶证拿到后，带上车辆购置税档案袋、车主身份证和私章、行

驶证到本地国税局办理车辆购置税转入。

⑦带上车辆登记证书、车主身份证、养路费通知单、二手车发票、行驶证到缉征所办理手续，就可以在本地交养路费了。

（5）保险过户

二手车保险过户很简单，其实就是在二手车交易后，对车辆原保险批单进行受益人及车牌号变更。

① 二手车保险何时过户。二手车保险过户需要在二手车交易过户完成，并且办理好登记证车主信息变更，领取了新的车辆号牌及行驶本之后进行。

二手车交易并不全是本地交易，在异地交易时，二手车保险不一定非要进行过户，可以选择直接将保险退掉，但需要保留交强险（交强险在落户地上牌后也可以退掉重上）。

② 二手车保险过户必要条件。机动车辆保险条款中规定，在保险有效期内，保险车辆转卖、转让、赠送他人或变更用途，被保险人应当书面通知保险公司并申请办理批改，否则保险公司有权拒绝赔偿。

随着二手车交易数量的增多，随之发生的保险问题也时有发生。未经交警部门正式办理过户手续的二手车交易，本身就不受法律保护，也不被承认。所以在二手车买卖过程中，办理保险过户是重要的环节。同时二手车保险过户也能有效防止二手车诈骗发生。

（6）私家车过户五要点

① 车辆登记证书要有合法的钢印号、发动机号、登记日期，这都是需要特别关注的要点。除了要核实之外，还要注意是否有涂改痕迹，出现涂改痕迹基本可以和交易陷阱等同了。

② 过户后未交税、免交税的车辆会被要求补齐购置税，这可是一笔为数不菲的支出，所以谁来补交的问题一定要确定。

③ 保险过户应及时办清，以免索赔时产生不必要的麻烦。

④ 抵押车辆、被监管车辆是禁止交易的。车辆信息可通过车管所查询。

（7）夫妻变更

相关法律规定，夫妻之间车辆变更手续是不需要发生任何费用的。只要带着结婚证或者户口本、行驶证、身份证，去车管所填写申请表办理即可。

具体来说，夫妻之间车辆变更手续需要双方本人均到场，并提交下列资料：变更前和变更后机动车所有人（夫妻双方）的身份证明（本市居民提交居民身份证，在本市暂住的居民除身份证外还应提交公安机关核发的居住证明）原件和复印件、机动车登记证书、机动车行驶证、可以证明夫妻关系的《居民户口簿》或者结婚证。

将车开至即将成为车主一方的身份证明记载的住所地址所属车管所办理变更业务。

另外，夫妻之间车辆变更手续办理后，车辆号牌不发生变化。

参 考 文 献

[1] 明光星. 二手车鉴定与评估 [M]. 北京：机械工业出版社，2010.
[2] 吴兴敏，陈卫红. 二手车鉴定与评估 [M]. 北京：人民邮电出版社，2010.